Klett Lektürehilfen

Patrick Süskind

Das Parfum

von Hanns-Peter Reisner

Klett Lerntraining

Dr. Hanns-Peter Reisner, langjähriger Gymnasiallehrer für das Fach Deutsch und Fachleiter für Deutsch am Studienseminar Köln.

Die Seitenangaben zum Text des Romans beziehen sich auf folgende Ausgabe:
Patrick Süskind, Das Parfüm. Die Geschichte eines Mörders, Zürich: Diogenes, 2000.

Bibliografische Information der Deutschen Nationalbibliothek
Die Deutsche Nationalbibliothek verzeichnet diese Publikation in der Deutschen Nationalbibliografie; detaillierte bibliografische Daten sind im Internet über http://dnb.d-nb.de abrufbar.

5. Auflage 2016

Dieses Werk folgt der reformierten Rechtschreibung und Zeichensetzung. Ausnahmen bilden Texte, bei denen künstlerische, philologische oder lizenzrechtliche Gründe einer Änderung entgegenstehen.

www.klett-lerntraining.de
Umschlagfoto: Süddeutsche Zeitung Photo (Alfred Haase)
Satz: DOPPELPUNKT, Stuttgart
Druck: Medienhaus Plump, Rheinbreitbach
Printed in Germany
ISBN 978-3-12-923064-0

9 783129 230640

Inhalt

Die Handlung des Romans

1. Teil: Die ersten acht Lebensjahre des Helden Grenouille

- Grenouilles Geburt im Gestank des Pariser Fischmarkts. Misslungener Versuch der Kindstötung durch seine Mutter, ihre Festnahme, Verurteilung und Hinrichtung. - Grenouilles Verschleiß mehrerer Ammen. Entdeckung seiner Geruchlosigkeit durch die Amme Jeanne Bussie, Übergabe des mutmaßlich vom Teufel besessenen Grenouille an den Pater Terrier. Terriers Entdeckung von Grenouilles monströsem Geruchssinn, überstürzte Abschiebung in das Waisenheim von Madame Gaillard. - Grenouilles Selbstbehauptung trotz emotionalen Elends und sozialer Isolation. Gestörte Sprachentwicklung, aber Verfeinerung seines genialen Geruchsvermögens und Geruchsgedächtnisses. Verkauf an den Gerber Grimal. - Überleben in ausbeuterischen, ungesunden Umständen. Dennoch geordnetes Sammeln und Speichern der Gerüche von Paris. - Anziehung durch den Duft eines Mirabellen entkernenden Mädchens, Erwürgen des Mädchens, Aneignung ihres Dufts als wichtige olfaktorische Prägung. Glauben an eine Berufung zum größten Parfumeur aller Zeiten. - Vorstellung beim Parfumeur und Handschuhmacher Baldini, dessen drohender geschäftlicher Niedergang. Grenouilles Kreation eines die Parfumgeschichte verändernden Parfums. Baldinis Ausbeutung von Grenouilles genialer Kreativität. Grenouilles Erlebnis seiner Grenzen, seine schwere Krankheit als Reaktion. - Information über neue Verfahren der Duftgewinnung. Grenouilles Abschied von Baldini und dessen Untergang.	1. Teil: Die ersten acht Lebensjahre des Helden Grenouille

Einführung des Helden

Im Frankreich des 18. Jahrhunderts, so berichtet uns einleitend der Romanerzähler, lebt eine Gestalt namens Jean-Baptiste Grenouille, die „zu den genialsten und abscheulichsten Gestalten“ dieser Epoche gehört. Die Welt dieses Helden ist das „Reich der Gerüche“, das „uns moderne[n] Menschen“ schon im ersten Kapitel durch eine Art Gestankgemälde der französischen Gesellschaft veranschaulicht wird.

Geburt

Der Geburtsort des Helden befindet sich unter dem Schlachttisch einer Fischbude am „allerstinkendsten Ort des gesamten Königreichs", dem 800 Jahre alten Pariser Friedhof Cimetière des Innocents. Hier beginnt die Geschichte Grenouilles am 17. Juli 1738.

Die Mutter des Helden

Für seine Mutter, eine Fischbudenverkäuferin Mitte zwanzig, die gegen Gerüche abgestumpft ist, ist dies die fünfte Geburt. Entgegen den bisherigen „Totgeburten oder Halbtotgeburten" beginnt das mit einem Fischmesser abgenabelte „Ding" zu schreien, während die Mutter ohnmächtig zusammenbricht. Sie wird festgenommen, wegen Kindesmords verurteilt und Wochen nach der Geburt Grenouilles auf der Place de Grève enthauptet.

Die Ammen

Wie damals für Findlinge und Waisen üblich wird Grenouille von Staats wegen einer bezahlten Amme zugewiesen. Zum Zeitpunkt der Hinrichtung seiner Mutter wird er allerdings schon von der dritten Amme versorgt, weil seine Sauggier „ein rentables Stillen" unmöglich macht. Der drohenden Gefahr, in das staatliche Großfindelheim nach Rouen transportiert zu werden, entgeht der Säugling nur mit Glück und landet schließlich in den Händen des Klosters von Saint-Merri in Paris, das ihn für drei Francs pro Woche wiederum einer Amme namens Jeanne Bussie übergibt.

Wochen später bringt die Amme den unersättlichen „Bastard der Kindermörderin aus der Rue aux Fers" wieder in die Obhut des Klosters zurück. In einem Dialog mit dem zuständigen Pater Terrier benennt die Amme Bussie ihre Gründe. Grenouille sei vom Teufel besessen und er rieche überhaupt nicht.

Pater Terrier

Entdeckung der Geruchlosigkeit

Pater Terrier, den der Auftritt der Amme und deren Teufelsvision zu einem theologischen Exkurs über Aufklärung und Aberglaube führt, muss zwar ebenfalls feststellen, dass der ihm überlassene Säugling nicht rieche, er rationalisiert diesen Umstand allerdings durch die Überzeugung, dass Menschenduft sündiger Duft sei und dass daher unschuldige Säuglinge gar nicht riechen dürften. Erweckt das schlafende Kind in Terrier anfangs noch sentimentale Vater-Sohn-Fantasien, so verwandelt sich das erwachende Kind unter den Augen des Paters rasch in ein „feindseliges Animal".

Grenouilles Nase

Die Nase Grenouilles wird schon mit ihrer ersten Erwähnung zum enthüllenden Bedrohungsinstrument. Schamlos abgerochen fühlt sich Terrier durch „das geruchlose Kind“, entblößt durch ein Geruchsorgan, das den „Näpfe[n] … fleischfressende[r] Pflanzen“ gleicht. Aus der liebevollen Zuwendung des Paters zu seinem „Duziduzi“ wird die Ekel erregende Abkehr von einem brüllenden Geruchsmonster, das es so rasch wie möglich wieder loszuwerden gilt. Eine gewisse Madame Gaillard, die außerhalb der Stadt Paris „Kostkinder jeglichen Alters und jeglicher Art aufnahm“, erscheint Terrier als der geeignete Ort der Entsorgung. In ihrem „Etablissement“ gibt er Grenouille gegen eine einjährige Vorauszahlung ab und kehrt im Gefühl des Beflecktseins ins Kloster zurück, wo er nach gründlicher äußerer und innerer Reinigung aus der Welt des Romans abtritt („entschlief“).

Madame Gaillard

„Für den kleinen Grenouille war das Etablissement der Madame Gaillard ein Segen“, weiß uns der Erzähler schon im resümierenden Vorausblick zu berichten, obwohl uns als Leser die einleitenden Charakterisierungen und Lebensumstände der Madame Gaillard eher das Gegenteil hätten erwarten lassen. Vom Vater misshandelt und seither nicht nur bar des Geruchssinns, sondern jeder Form von menschlicher Empfindungsfähigkeit, lebt „diese abgestorbene Frau“, noch keine dreißig Jahre alt, einzig mit dem Ziel, sich im Alter eine kleine Rente und „einen privaten Tod [zu] leisten“. Nicht wie der prügelnde Ehemann, der im Krankenhaus der Armen an Cholera stirbt, will sie „verrecken“, nicht teilnehmen an „diesem öffentlichen gemeinsamen Sterben mit Hunderten von fremden Menschen“ und so geht sie von „vollkommene[r] Emotionslosigkeit“ und einem „gnadenlosen Ordnungs- und Gerechtigkeitssinn“ geprägt ihrer Tätigkeit nach. Das Kostgeld der „kleinen Pensionäre“, von zwei Dutzend ist in kaufmännischer Stückzahl die Rede, stellt die Existenzgrundlage und Alterssicherung dar, und so kann die winterbedingte „Verlustquote“ von drei bis vier Zöglingen nur deshalb ertragen werden, weil Paris alljährlich „viel Ersatz produzierte“.

Grenouilles früheste Kindheit

In dieser Atmosphäre materiellen und emotionalen Elends verbringt der kleine Grenouille seine früheste Kindheit, ohne allerdings selbst die Situation als Mangel zu empfinden. Im Gegenteil: Hatte sich schon das Neugeborene unter dem Schlachttisch „gegen die Liebe und dennoch für das Leben entschieden", so bietet das Haus Gaillard die einzig mögliche Fortsetzung dieser Form des Vegetierens. Der Erzähler versäumt es allerdings in diesem Zusammenhang nicht, den Leser darauf hinzuweisen, dass der Welt und Grenouille „eine Menge Unheil" erspart geblieben wäre, hätte er sich nicht trotzig für das Leben, sondern für den „Weg von der Geburt zum Tode ohne den Umweg über das Leben" entschieden. So aber verfolgen wir weiter die Biografie Grenouilles, der im leitmotivisch wiederkehrenden Bild des „kleine[n] häßliche[n] Zeck" erste vampirhafte Züge gewinnt.

Soziale Isolation

Während der seelische Kältestrom Grenouilles und seine Geruchlosigkeit in Madame Gaillard ein Spiegelbild finden und daher sein Überleben sichern, spüren die Mit-Zöglinge in Grenouilles Andersartigkeit eine Bedrohung, die sie sogar vor dem Versuch, ihn zu vernichten, nicht zurückschrecken lässt. Vor allem seine Geruchlosigkeit bereitet ihnen Angst, was in der Folge zur sozialen Isolation Grenouilles führt. Erst dreijährig lernt er laufen und spricht mit vier Jahren das erste Wort „Fische".

Olfaktorische Begabung

Die Armut der Sprache

Die Aneignung der Welt um ihn herum aber vollzieht sich fast ausschließlich über intensive Geruchserlebnisse, die er gleichsam in „olfaktorische Begriffe" überträgt. Weil sich für ihn die „geruchlich wahrgenommene Welt" als unendlich viel reicher als die „Armut der Sprache" erweist, bleibt seine Sprachentwicklung gestört. Vor allem abstrakte Begriffe „ethischer und moralischer Natur" sind ihm sein Leben lang fremd, weil sie keine Geruchsentsprechung besitzen. In der Fähigkeit, mit sechs Jahren die Umgebung olfaktorisch vollständig zu erschließen und im Beherrschen eines differenzierten „Alphabet[s] der Gerüche" sieht der Erzähler „die schöpferische Tätigkeit des Wunderkinds Grenouille". Diese besondere Begabung aber ist es wiederum, die die Verschlossenheit und Ausgrenzung des Kindes fördert und ihm sogar anlässlich eines eineinhalbjährigen Pfarrschulbesuchs das Stigma der Schwachsinnigkeit beschert.

Einzig Madame Gaillard erkennt Grenouilles fast übernatürliche Fähigkeiten, ohne sich diese auch nur in An-

Beendigung des Pflegeverhältnisses

sätzen erklären zu können. Überzeugt davon, ihr Zögling könne unter anderem durch Wände und Balken hindurchsehen, dort verstecktes Geld aufspüren und er besitze gar „das zweite Gesicht", das „Unheil und Tod" ankündige, beschließt sie, Grenouille nach Ablauf der mit dem Kloster von Saint-Merri vereinbarten 8-jährigen Kostzeit einem Gerber namens Grimal als billige Arbeitskraft zu übergeben. Obwohl sie weiß, dass wegen der lebensgefährlichen Arbeitsbedingungen „Grenouille in Grimals Gerberwerkstatt nach menschlichem Ermessen keine Überlebenschance besaß", überlässt sie ihn gegen 15 Francs Provision dem Gerber im Bewusstsein, das „Pflegeverhältnis" korrekt beendet zu haben.

Späte Tragödie der Madame Gaillard

Die Romanhandlung wird an dieser Stelle durch einen Einschub unterbrochen, in dem der Erzähler kurz die letzte Lebensphase von Madame Gaillard referiert. Fast 70-jährig gibt sie ihr Gewerbe auf und zieht sich, ausgestattet mit einer kleinen Rente, in ein Häuschen zurück, wo sie in der Erwartung eines „privaten" Todes lebt. Was jedoch folgt, ist ein fast 20 Jahre andauerndes Martyrium, das nach dem völligen materiellen Ruin und körperlichen Verfall Madame Gaillards dort endet, wo bereits das Schicksal ihres Mannes besiegelt wurde: in der Anonymität und Öffentlichkeit eines Sterbesaales im Krankenhaus Hôtel-Dieu. Ein Massengrab vor den Toren der Stadt markiert im Jahre 1799 das Ende der Geschichte Madame Gaillards und ihres Glaubens an einen privaten Tod.

Ausbeutung

Grenouille übersteht das erste Jahr seiner „mehr tierischen als menschlichen Existenz" in der Werkstatt Grimals nur dank seiner zeckenhaften Anpassungsfähigkeit. Selbst die gewöhnlich tödlich verlaufende Gerberkrankheit, der Milzbrand, kann den 10-Jährigen nicht zerstören. Als auszubeutende Arbeitskraft fast unersetzbar, gibt Grimal dem 12-jährigen Grenouille „den halben Sonntag frei", der Dreizehnjährige darf „sogar wochentags am Abend nach der Arbeit eine Stunde lang weggehen und tun, was er wollte". => Belohnung

Erschließen des Geruchspanoramas von Paris

Mit diesen Freiheiten beginnt die eigentliche Geruchsbiografie Grenouilles, weil sie ihm den Einstieg in das „größte Geruchsrevier der Welt", die Stadt Paris, eröffnen. Auf seinen Streifzügen durch die Stadt erschließt er sich das verwirrende Duft- und Geruchspanorama, zerlegt Vermischtes in seine einzelnen Bestandteile und legt sich gleichsam einen Geruchsplan von Paris an. Das „Jagdgebiet" seiner Nase eröffnet ihm auch einen Einblick in die soziale Topografie dieser Metropole, so als er in den Wohnvierteln der Reichen, im Sorbonneviertel und im Faubourg Saint-Germain, „zum ersten Mal Parfums im eigentlichen Sinn des Wortes roch". In diesem Zusammenhang wird Grenouille auch die Funktion der Parfums, „berauschend und anziehend zu wirken", bewusst. Einem besessenen Sammler gleich, versucht sich Grenouille zunächst die Welt der Gerüche vollständig und ohne Ordnungsmuster anzueignen. Doch der besessene Sammler ist nur die Vorstufe des besessenen Duftproduzenten, dessen Duftkombinationen sich anfangs noch ausschließlich in seiner Fantasie und „ohne erkennbares schöpferisches Prinzip" abspielen.

Einzigartige Duftverführung

Der 1. September 1753, der Jahrestag der Thronbesteigung des Königs, markiert für den 15-jährigen Gerberlehrling Grenouille ein Schlüsselerlebnis. Doch nicht dem Feuerwerksspektakel zu Ehren des Königs, das die Massen verzückt, gilt seine ganze Aufmerksamkeit, sondern dem Hauch „von etwas Niegerochenem", der ihn schlafwandlerisch zielsicher durch die Gassen der Stadt in jenen Hinterhof der Rue des Marais führt, wo sich „die Quelle" seiner Geruchsfaszination als ein 13- oder 14-jähriges Mirabellen putzendes Mädchen entpuppt.

Galten Grenouille Menschengerüche bis zu diesem Augenblick als „nichtssagend oder miserabel", so glaubt er in dem Mädchenduft „das höhere Prinzip, nach dessen Vorbild sich die andern ordnen mußten", zu erfassen. Verblendet von der Gier, diesen Duft für immer zu besitzen, erwürgt Grenouille das Mädchen, um es vollständig abzuriechen und den Geruch in seinen „innern Schotten dicht [zu] verschließen". Der Mord wird entdeckt, als Grenouille sich schon längst wieder am anderen Ufer der Seine auf seinem Nachtlager befindet. Im Zustand vollständiger Glückseligkeit erscheint ihm der „prägende Duft dieses Mädchens aus der Rue des Marais" als neue Lebensbestimmung.

Der erste Mädchenmord

Grenouilles Berufung

Er sieht sich als „Genie", das die „höhere Bestimmung habe, [...] die Welt der Düfte zu revolutionieren". Er glaubt sich aufgerufen, „der größte Parfumeur aller

Zeiten“ zu werden. Und während vom Bild des Mädchens schon Tage danach nur noch „das Prinzip ihres Dufts“ in Grenouille gespeichert ist, beginnt er mit der „systematische[n] Ordnung seines bisher völlig undifferenzierten Duftrepertoires“.

Diese Entwicklung Grenouilles leitet über in die Welt der Parfumeure von Paris, als deren Repräsentant uns der Parfumeur und Handschuhmacher Giuseppe Baldini vorgestellt wird. Sein Geschäft, das einst zu den feinsten Adressen der Stadt gehörte, droht nun durch das überquellende Angebot an Essenzen, Pasten, Pastillen und das damit verbundene „unbeschreibliche Chaos von Düften“, das sich im Hause des Meisters zunehmend verbreitet, im wirtschaftlichen Ruin zu enden.

Baldinis drohender wirtschaftlicher Ruin

In diesem Niedergang zeigt sich aber zugleich das Gesetz des Marktes, der mit der Schaffung immer neuer Moden und Duftkreationen einen enormen Druck auf das eher traditionelle Zunftgewerbe des „Parfumeur et Gantier“ ausübt. So vollzieht sich der Niedergang Baldinis parallel zum Aufstieg des „Essigsieders“ und Emporkömmlings Pélissier, dessen Parfum „Amor und Psyche“ den Parfumsektor zu revolutionieren droht. Als letzter fast schon entwürdigender Ausweg erscheint Baldini der Versuch, Pélissiers Parfum zu kopieren. Doch der alte Meister, der in dieser Situation selbstkritisch bekennt, nie wirklich ein Parfum erfunden zu haben, nur Handwerker und niemals Alchimist gewesen zu sein, scheitert an der Analyse. Baldinis Entschluss, sein Geschäft zu verkaufen und sich zurückzuziehen, scheint festzustehen, als sich am Dienstboteneingang eine kleinwüchsige Gestalt ankündigt, um ein Ziegenleder aus dem Hause des Gerbers Grimal abzugeben. Diese Gestalt ist Grenouille.

Marktgesetz des Duftgewerbes

Grenouille, der erstmals in seinem Leben das Innere einer Parfumerie wahrnimmt, scheint sich sofort darüber im Klaren zu sein, „daß er hier bleiben werde, daß er von hier die Welt aus den Angeln heben würde“. Seine Bitte um Arbeit wird von Baldini zunächst zurückgewiesen, doch Grenouilles spontane Entschlüsselung des Parfums „Amor und Psyche“ irritiert ihn. Was sich ihm zunächst als „storaxkrächzendes Häuflein Mensch“, als „Gnom“, als „Holzkopf“, als „kleiner Betrüger“ darstellt, erweckt seine Neugier, und so beschließt er, das „Talent

Erste Begegnung zwischen Grenouille und Baldini

dieses unheimlichen Jungen", der von sich behauptet, „die beste Nase von Paris" zu haben, zu erforschen.

Erste Duftkreation Grenouilles

Während für Baldini die Parfumherstellung ein analytisches Verfahren und Methoden komplizierter Mischprozesse von Duftessenzen verlangt, stellt Grenouille mit seiner Arbeitsweise „die parfümistische Weltordnung auf den Kopf". Mit innerlicher Wut und Entsetzen muss Meister Baldini erkennen, dass Grenouille ohne Formel und ohne Messen nicht nur eine präzise Kopie von „Amor und Psyche" herzustellen, sondern durch geringe Veränderungen auch einen neuen Duft zu kreieren vermag, der als „Nuit Napolitaine" die europäische Parfumgeschichte verändern sollte.

Baldini wirbt Grenouille ab

Ohne den Gerber Grimal in die Hintergründe von Grenouilles Auftritt einzuführen, handelt ihm Baldini am Morgen danach den 16-jährigen Gerberlehrling gegen den stattlichen Betrag von 20 Livre ab. Grimal, überzeugt, ein hervorragendes Geschäft gemacht zu haben,

Tod Grimals

betrinkt sich daraufhin, stürzt im Suff in die Seine und findet letztmals im Roman seine Erwähnung als „ehemaliger Brotherr" von Grenouille, „alle viere von sich gestreckt" die kalte Seine hinabtreibend.

Baldinis Aufstieg

Mit Grenouilles Erscheinen ist der Aufstieg des Parfum-Hauses Baldini zu europäischem Glanz verbunden. Was auch immer aus der Werkstatt seines neuen Zauberlehrlings kommt, wird ein Publikumserfolg, ohne dass selbst Chénier, Baldinis Geselle, sich des eigentlichen Urhebers dieses Phänomens bewusst geworden wäre.

Geniale Intuition contra handwerkliches Verfahren

Baldini, der das Geheimnis jener völlig chaotischen Duftherstellung zu lüften versucht, verlangt von Grenouille ein handwerklich „disziplinierendes Verfahren", das es dem Meister ermögliche, jedes Parfum aus der Hexenküche Grenouilles in eine „synthetische Vorschrift" zu übertragen. So gelingt es Baldini im Laufe der Zeit, „die Rezepturen sämtlicher Parfums" mit Hilfe „seiner schriftlichen Formelsammlung" zu dokumentieren, was ihm die Möglichkeit gibt, „Grenouilles Wunder selbst nachzuvollziehen". Grenouille seinerseits lernt in Baldinis Werkstatt jene „handwerklichen Verfahren, nach denen man Duftstoffe herstellte, isolierte, konzentrierte, konservierte und somit für eine höhere Verwendung überhaupt erst verfügbar machte". Ob in der Kunst des Seifenkochens, ob im Trocknen von Blüten und

Kräutern, ob im Verfahren der Destillation, überall erweist sich Grenouille als der geduldig gelehrige Schüler. Gerade jene Methode der Destillation nimmt Grenouille besonders gefangen, weil er in ihr die Möglichkeit erkennt, „den Dingen ihre duftende Seele zu entreißen". So sehr sich Grenouille auch auf dem Gebiet des Destillierens als Spezialist entwickelt, muss er am Ende doch die Grenzen dieses Verfahrens erkennen. Sein eigentlicher Wunsch, mit Hilfe dieser Methode wenigstens einen Tropfen jener „radikal neue[n] Düfte zu erzeugen", die er in seinem Innern trägt, scheitert, weil er physikalische Gesetzmäßigkeiten nicht außer Kraft zu setzen vermag. Grenouilles Enttäuschung folgt eine lebensbedrohliche Krankheit.

Flucht in die Krankheit

Diese fällt in eine Phase hochfliegender Geschäftsträume Baldinis. Sieht sich dieser kurz vor dem Ziel, als königlicher Hofparfumeur Geschichte zu machen, droht jener binnen 48 Stunden abzuleben. „In einem Jahr hätte er getrost sterben dürfen. Aber nein! Er starb jetzt, Herrgottsakrament", beklagt nüchtern kalkulierend Baldini und unternimmt einen letzten Versuch, Grenouille wenigstens noch durch eine „parfümistische Beichte" auszuplündern.

Wundersame Heilung

„Gibt es noch andre Mittel als das Pressen oder Destillieren, um aus einem Körper Duft zu gewinnen?", will der Sterbende von seinem Meister wissen. Als dieser ihn auf die drei Verfahren der „enfleurage" verweist, die dem Destillieren „in vieler Hinsicht überlegen" seien und die in der Stadt Grasse zur Gewinnung der feinsten aller Blütendüfte benutzt würden, fällt Grenouille in einen Heilschlaf und ist innerhalb weniger Tage genesen.

Baldini am Ziel seiner Träume

Während der folgenden drei Jahre verwirklicht Baldini mit Hilfe Grenouilles seine Träume und steigt zum unumstritten größten Parfumeur Europas und zum reichsten Bürger von Paris auf. Als Gegenleistung entspricht er im Jahre 1756 Grenouilles Bitte, ihn, ausgestattet mit dem Gesellenbrief, in die Freiheit zu entlassen, nicht ohne sich durch einen Schwur zu versichern, dass Grenouille niemals wieder nach Paris zurückkehren und niemandem das Geheimnis der Parfumherstellung anvertrauen werde. Als 18-Jähriger verlässt der Geselle die Werkstatt Baldinis durch eben jenen Dienstboteneingang, durch den er sie als 12-jähriger Gerberlehrling betreten hat.

Grenouilles Abschied

Baldinis Ende

Baldini, im Glauben, durch den Weggang des „unheimliche[n] Gast[es]“ nicht nur seinen Erfolg, sondern vor allem das eigentliche Geheimnis seines Erfolges für immer für sich bewahren zu können, wird in der folgenden Nacht das Opfer einer „kleine[n] Katastrophe“. Beim nächtlichen Einsturz eines Brückenteils des Pont au Change verschwindet sein Haus in den Fluten der Seine und mit ihm selbst seine Frau Teresa, ein prall gefüllter Geldschrank und sein am besten gehüteter Schatz: jenes Büchlein mit sechshundert Formeln, in denen er Grenouilles Genie festzuhalten glaubte.

2. Teil: Grenouille auf der Suche nach seiner Identität

2. Teil: Grenouille auf der Suche nach seiner Identität	
	→ Auf dem Weg zur Parfum-Stadt Grasse Rückzug auf den Vulkan Plomb du Cantal. Siebenjähriger Aufenthalt in einer Höhle. Ordnung des Innenlebens, exzessive Fantasien. Schock durch Erkenntnis der eigenen Geruchlosigkeit. → Begegnung des verwilderten Grenouille mit dem Marquis de la Taillade-Espinasse, Erfinder einer Vitallufttherapie gegen angeblich schädliche Verwesungsgase. Grenouille als Demonstrationsobjekt für die Wirksamkeit der Therapie vor den Gelehrten in Montpellier. Trotz Grenouilles Durchschauen des Schwindels Ausnutzen des Marquis für eigene Ziele. → Mischen eines Menschengeruchs. Damit versehen Erfahrung gesellschaftlicher Akzeptanz im Stadtbild Montpelliers. Erkenntnis des Zusammenhangs von Duft und Macht über die Menschen. → Heimliche Flucht nach der Duftmetropole Grasse. Aufbruch des Marquis in die Pyrenäen zur Bestätigung seiner Vitallufttherapie. Keine Rückkehr.

Grenouilles Rückzug

Die Abkehr von Paris und seine Wanderschaft nach Süden bedeuten für Grenouille eine Befreiung. Entgegen seinem ursprünglichen Plan, schnellstmöglich Grasse zu erreichen, treibt ihn allerdings seine Nase zu einem Ort größtmöglicher Einsamkeit. Zunehmend des „stickigen

Menschenklima[s]“ überdrüssig, findet Grenouille diesen Ort in einer Augustnacht des Jahres 1756 auf dem Gipfel des Vulkans „Plomb du Cantal“. Hier am „menschenfernste[n] Punkt“, der vollständigen Gegenwelt zu Paris, zieht sich Grenouille in eine Höhle zurück, um unter den Bedingungen vollständiger Isolation in verschiedenen Traumreisen sein „inneres Imperium“ zu erschließen.

7-jährige innere Reise

Am Ende seines siebenjährigen Seelentheaters, einem Wechselspiel voller Exzesse, Omnipotenzfantasien und Entsagungen, steht die Erfahrung einer „inneren Katastrophe“. Was sich im Traum als Vision eigener Geruchlosigkeit ankündigt, wird für Grenouille im Wachzustand zur furchtbaren Gewissheit, „daß er selbst geruchlos war“.

Die Erkenntnis der eigenen Geruchlosigkeit

Im Bewusstsein dessen verlässt er „noch in derselben Nacht den Plomb du Cantal in südlicher Richtung“. Die Rückkehr des 25-jährigen Grenouille in die menschliche Zivilisation gerät zur Sensation, auch wenn Grenouille mit einer erfundenen Entführungsgeschichte seinem Schicksal einen rationalen Grund zu geben versucht.

Grenouilles Rückkehr in die Zivilisation

Zu jener Zeit nämlich forscht ein gewisser Marquis de la Taillade-Espinasse an der Theorie eines Verwesungsgases „fluidum letale“, das den Zerfallsprozess alles Lebendigen erkläre. Je näher das Lebendige der Erde, desto stärker sei es dem Letalgas verfallen, so seine These, die der Marquis an Grenouilles Erscheinungsbild bestätigt zu finden glaubt. Ein vom Marquis ebenfalls erfundener „Vitalluftventilationsapparat“ vermöge den früheren Gesundheitszustand wiederherzustellen, weshalb er Grenouille bittet, sich ihm als „wissenschaftliches Demonstrationsobjekt zur Verfügung zu stellen“. In der Aula der Universität von Montpellier wird Grenouille als „wissenschaftliche Sensation des Jahres“ einer umfangreichen Gelehrtengesellschaft vorgeführt. In einer mehrtägigen „Entseuchungs- und Revitalisierungskur“ vollzieht sich unter den Augen des Marquis scheinbar die bürgerliche Menschwerdung Grenouilles vom „Tier“ zum „Monsieur“.

Die Experimente des Marquis de la Taillade-Espinasse

Grenouille durchschaut jedoch diesen „Ventilationshokuspokus“ und erkennt, dass „einzig und allein die paar Kleider, der Haarschnitt und das bißchen kosmetischer Maskerade“ den Mensch zum Menschen machen. Im Wissen um die Machbarkeit einer solchen Maske und ihre Wirkung beschließt Grenouille, seine „verkleidete, maskierte, geruchlose Gestalt“ zu vervollkommnen.

Der Mensch als Maske

Suche nach Menschenduft

Was Grenouille und damit seiner Maske fehlt, ist der eigene Menschengeruch. Um in dessen Besitz zu gelangen, fingiert Grenouille einen Schwindelanfall und erfleht unter gespielter „Leidenssymptomatik" vom Marquis die Möglichkeit, sich „ein eigenes Parfum zu entwerfen". Der Marquis, um die Gesundheit seines Demonstrationsobjektes fürchtend, eröffnet Grenouille die Möglichkeit, im Atelier eines gewissen Runel, Parfumeur in Montpellier, seinen Plan zu verwirklichen. Aus einer „grauenvollen Basis" von Katzendreck, Essig, Käse und Sardinen entsteht das Imitat eines Menschengeruches, von dem Grenouille weiß, dass es „doch geschickt genug [sei], um andere zu täuschen".

Duft als Machtinstrument

Die Wirkung seines Menschendufts in den Gassen Montpelliers ist verblüffend, und zum ersten Mal in seinem Leben spürt Grenouille, dass der menschliche Geruch als Wesensmerkmal alles Menschlichen über Isolation oder gesellschaftliche Akzeptanz entscheidet. Zugleich aber erahnt er die Möglichkeiten, die ihm seine Fähigkeit, „den Duft des Menschen nachzuschaffen", eröffnet. „Wer die Gerüche beherrschte", das ist die eigentliche Botschaft der Wirkung seines selbst geschaffenen Menschengeruchs, „der beherrschte die Herzen der Menschen", und im euphorischen Bewusstsein dieser Macht fasst Grenouille den Plan, „Menschen zu beherrschen".

Entlarvung der Gelehrtenwelt

Marquis de la Taillade-Espinasse, von der Faszination seiner wirren „fluidalen Letaltheorie" völlig gefangen genommen, bleibt die eigentliche Ursache von Grenouilles Wandlung verborgen. Vielmehr glaubt er in der Wirkung von Grenouilles neu geschaffenem Parfum ebenfalls eine Bestätigung seiner Hypothesen zu finden. Eine zweite Präsentation „des Höhlenmenschen" Grenouille vor der versammelten Gelehrtenwelt Montpelliers wird ein „fulminanter Erfolg". Doch während die Ovationen für die Verwandlung vom „verrohte[n] Tier" zum „zivilisierte[n], wohlgestaltete[n] Mensch[en]" eigentlich Taillade und seiner Theorie gelten, sind sie für Grenouille die letzte Bestätigung für die verführerische Wirkung seines selbst geschaffenen neuen Menschenparfums.

Gesellschaftliche Akzeptanz

Grenouilles Erkenntnis, dass ihn erst sein „künstlicher Geruch" gesellschaftsfähig gemacht habe, bestätigt sich in den Wochen danach, in denen er als begehrter Gast verschiedener Salons jene Sicherheit erwirbt, die geselliger Umgang verlangt. Nicht der Umgang mit Menschen in Montpellier, sondern die Duftvision Grasse ist jedoch das Ziel Grenouilles und so flieht er, äußerlich verkleidet und an diesem Tage auf sein Parfum verzichtend, unerkannt von den Wachen an den Stadttoren.

Grenouilles Flucht

Der Marquis, zunächst erbost wegen der entgangenen Gelegenheit, mit seinem Demonstrationsobjekt Grenouille eine Werbetournee durchs Königreich zu veranstalten, erlangt dennoch den erhofften Ruhm. Im Jahre 1764 unternimmt er zusammen mit einer Gruppe seiner Anhänger eine Expedition auf den Pic du Canigou in den Pyrenäen, auf dem er in einem Selbstversuch die verjüngende Wirkung seiner Vitallufttheorie zu bestätigen hofft. Statt als 20-jähriger Jüngling zurückzukehren, bleibt der im Greisenalter stehende Marquis jedoch für immer verschollen, was seiner Lehre nur noch ein weiteres Faszinosum verleiht.

Tod des Marquis de la Taillade-Espinasse

3. Teil: Die Duftwelt von Grasse

3. Teil: Die Duftwelt von Grasse

- Grenouilles Verführung durch den Duft eines noch kindlich jungen Mädchens in Grasse. Gewinnung dieses Dufts als neues Lebensziel.
- Annahme einer Gesellenstelle im Haus des Parfumeurs Arnulfi. Erlernen des Verfahrens der Mazeration zur Gewinnung besonders edler, empfindlicher Düfte. Neues Ziel die Aneignung von Düften lebender Objekte, von Liebe inspirierenden Menschen. Beschäftigung mit der Konservierung flüchtiger Gerüche.
- Nach einem Jahr Beginn einer Serie von vierundzwanzig nicht aufklärbaren Morden an schönen, jungfräulichen Mädchen. Die Opfer nackt und geschoren, aber nicht sexuell missbraucht.
- Antoine Richis' Erahnen der Gefährdung seiner jungen, schönen, mit einem Grafen verlobten Tochter Laure. Durch Täuschungsmanöver getarnte Flucht von Vater, Tochter und Zofe Richtung Cannes.
- Grenouilles von seinem Geruchssinn richtig geleitete Verfolgung. Übernachtung als Gerbergeselle aus Nizza im Stall des von Richis und Laure bezogenen Gasthofs. In der Nacht Tötung Laures und Gewinnung ihres Dufts mit großen präparierten Tüchern.

3. Teil: Die Duftwelt von Grasse	
	➟ Bestürzung und Angst in Grasse. Nach Hinweisen der Wachen Verhaftung und öffentliche Zurschaustellung Grenouilles. Verurteilung zum Tode. ➟ Vorbereitung der Hinrichtung als großes Volksfest. Bei Grenouilles Auftreten jedoch Umschwenken des kollektiven Hasses in eine gigantische Liebesorgie unter dem Einfluss des von Grenouille verströmten Parfums. Im Gegensatz zur Liebesorgie des Volkes bei Grenouille Entwicklung eines abgrundtiefen Hasses. Richis' liebevolle Verehrung Grenouilles unter dem Einfluss des ultimativen Parfums. ➟ Hinrichtung des Parfumeurgesellen Druot aus dem Hause Arnulfis an Stelle Grenouilles.

Ankunft Grenouilles

Innerhalb von sieben Tagen erreicht Grenouille Grasse, das „Rom der Düfte", in das ihn die noch unbekannten „Techniken der Duftgewinnung" treiben. Schmutz, Schmuddeligkeit, Enge, gewerbliche Betriebsamkeit, Duftgroßkontore, versteckter und verdeckter Reichtum, dies sind seine ersten flüchtigen Eindrücke.

Erste Duftverführung

Vor einem jener zahlreichen unscheinbaren Palazzi stehend wird er plötzlich von einem Geruch gefangen genommen, „wie er ihn in seinem Leben noch nicht – oder doch nur ein einziges Mal – in die Nase bekommen hatte". Gebannt folgt er der Witterung, und indem sich die Erinnerung an jenes rothaarige Mädchen in der Rue des Marais zu Paris einstellt, befindet sich Grenouille vor einem Garten, in dem er die Quelle seiner Duftglückseligkeit verborgen weiß.

Duftbild des Mädchens

Er sieht „in seiner olfaktorischen Vorstellung wie auf einem Bilde" ein Mädchen vor sich, dessen noch kindliche Schönheit er detailliert zu beschreiben vermag. „Diese fast noch geschlossene Blüte […] duftete schon jetzt so haarsträubend himmlisch", dass Grenouille in ihrer bevorstehenden Entfaltung den Inbegriff aller Düfte wahrnimmt.

Duftbesitz als Lebensziel

Diesen Duft für immer in Besitz zu nehmen, „nicht auf so vergebliche und täppische Weise […] wie damals den Duft des Mädchens aus der Rue des Marais", das wird Grenouilles neues Lebensziel. Wie es ihm gelingen könnte, diesen Duft „zu seinem eigenen Duft [zu] machen", dies zu lernen gibt er sich zwei Jahre Zeit. Dann würde er sich für die „Ernte gerüstet" glauben, mit der er im Klartext den zweiten Mädchenmord beschließt.

Sich ein neues Verfahren für die Bewahrung des Duftes anzueignen, mit diesem Vorsatz nimmt Grenouille im Hause des Parfumeurs Arnulfi eine Gesellenstelle an. Nach dem Tod des Patrons sind dessen Atelier und Werkstatt allein durch seine Frau und einen Gesellen namens Druot weitergeführt worden. Hier lernt Grenouille die Prozedur der „Mazeration“ kennen, ein Verfahren, bei dem mittels der Verflüssigung und Erhitzung von Talg den Blumenblüten der Duft entzogen wird. Ganz besonders edle Düfte, wie die des Jasmins und der Nachthyazinthe, verlangen gar eine noch aufwändigere Methode, die der „kalten Enfleurage“, um gebannt zu werden. Grenouille wird klar, dass letzteres Verfahren „das raffinierteste und wirksamste Mittel“ darstellt, „zarte Düfte einzufangen“. Nun, da er die Technik beherrscht, Düfte zu bewahren, experimentiert Grenouille. Rasch steigert sich seine Besessenheit von der Gewinnung der Düfte lebloser Dinge zu „lebenden Objekten“, und so dienen ihm bald auch Ratten, Katzen und ein kleiner Hund als mörderisches Experimentierfeld, „einem lebenden Wesen die duftende Seele zu rauben“ und diese zu materialisieren.

Gesellentätigkeit beim Parfumeur

Verfahren der Duftgewinnung

Sein eigentliches Ziel aber gilt der Aneignung des Duftes „gewisser Menschen: jener äußerst seltenen Menschen nämlich, die Liebe inspirieren. Diese waren seine Opfer.“ Und unter diesen „gewissen Menschen“ gibt es einen, jenes bisher nur errochene Mädchen im Garten an der Stadtmauer, dem seine ganze Duftgier gilt. Gleichsam um den Reifezustand dieser Blüte zu prüfen, begibt sich Grenouille, genau ein Jahr nach seiner Ankunft in Grasse, an dieselbe Stelle der Stadtmauer, um „zutiefst beglückt“ seine erotischen Duftfantasien bestätigt zu finden. Der Besitz dieses Mädchens, nicht als flüchtigen, sondern, wenn irgend möglich, als dauerhaft gebundenen Geruch, ist für Grenouille im folgenden Jahr nur noch ein „parfümistisches Problem“.

Duftgier

Der Bericht des Erzählers, man habe in Grasse und Umgebung binnen weniger Monate „vierundzwanzig der schönsten Jungfrauen aus allen Schichten“ ermordet aufgefunden, ohne den Täter fassen zu können, offenbart dem Leser, wie Grenouille sein „parfümistisches Problem“ zu lösen versucht. Die Opfer sind alle nackt und geschoren, aber „alle unberührt geblieben“, was die

Mädchenmorde

Irritation über den Täter und seine Motive nur noch fördert. Gängige Verdächtigungsmuster wie „Zigeuner", „italienische Wanderarbeiter" oder „Juden" erweisen sich als haltlos. In ihrer letzten Verzweiflung wenden sich die Bürger der Stadt an den Bischof mit der Bitte, gegen den Täter einen feierlichen Bann auszusprechen. Als unmittelbar darauf das Morden ein Ende nimmt, hält man die „Bestie" für vertrieben, und Monate darauf scheint der Spuk schon fast vergessen.

Antoine Richis' Ahnungen

Nur der vermögendste Bürger der Stadt, Antoine Richis, Witwer und Vater einer Tochter namens Laure, hält den Frieden für trügerisch. Der Hinweis des Erzählers auf dessen Anwesen am „Beginn der Rue Droite" signalisiert dem Leser sofort, dass er Laure schon aus der Duftwahrnehmung Grenouilles kennt, und so ist für ihn schon Realität, was für Antoine Richis noch unbestimmte Ahnung ist: die Bedrohung seiner Tochter durch den Mädchenmörder.

Richis' Pläne für die Zukunft seiner Tochter Laure

Antoine Richis hat sich über die Zukunft seiner Tochter schon mit einem Grafen geeinigt. Eine Heirat der 16-jährigen Laure mit dessen Sohn sollte dem angesehenen und wohlhabenden Bürger den Zugang zur „provenzalischen Nobilität" eröffnen und ihm damit den erhofften gesellschaftlichen und politischen Einfluss verschaffen.

Und gerade jetzt, da die Menschen um ihn herum den Mädchenmörder schon besiegt zu haben glauben, setzt sich in Antoine Richis die Angst um die Tochter „wie ein häßliches Gift" fest. Diese Angst scheint ihm umso begründeter, als ihm, dem die Tochter als „das Kostbarste" gilt, nicht verborgen bleibt, wie sich der noch „kindliche Zauber" Laures zu einer Verführungsgewalt entwickelt, der er selbst als Vater zu erliegen droht. Die

Richis' Verlustängste

Verlustängste des Vaters um die Tochter mehren sich, weil Antoine Richis nüchtern analysierend die Gedankengänge des Mädchenmörders nachzuvollziehen, ja zu antizipieren vermag. „Der Mörder besaß einen exquisiten Geschmack. Und er besaß ein System", stellt Richis fast anerkennend fest. Er vermutet in dem Serientäter einen „Sammler von Schönheit", der am „Bildnis der Vollkommenheit" arbeite, „und sei es auch nur in der Phantasie seines kranken Hirns". Die „entsetzliche Folgerung", die er aus dieser perversen Logik ziehen muss, ist die Gewissheit, dass seine Tochter Laure der Gipfelpunkt dieses Mordwerks sein soll. Doch in der Stunde der Gewissheit um die höchste Gefahr glaubt sich Antoine Richis dem Mörder, seinem „Konkurrenten um den Besitz an Laure", überlegen.

Richis' Fluchtplan

Er entwirft einen raffinierten Fluchtplan, an dessen Ende auf Umwegen die ja bereits geplante Hochzeit der Tochter in Grasse „in aller Öffentlichkeit" stattfinden sollte. Laure als „verheiratete Frau, defloriert und womöglich schon geschwängert, paßte nicht mehr" in die Galerie dieses Mördertypus, davon ist Antoine Richis überzeugt und verlässt am Morgen in einer kleinen Karawane von Packpferden und Mauleseln mit Tochter, Dienern und Knechten die Stadt. Während sich der eigentliche Tross zur Täuschung Richtung Grenoble begibt, schlägt Antoine Richis mit seiner Tochter, nur von der Zofe Laures begleitet, zu Pferd den Weg in Richtung Cannes am Mittelmeer ein, von wo aus man Laure vorübergehend in ein sicheres Kloster auf einer der vorgelagerten Inseln zu bringen hofft.

Grenouille vor dem Ziel

Zum Zeitpunkt der Flucht Richis' und seiner Tochter Laure befindet sich Grenouille bei der Arbeit im Atelier Arnulfis und sieht sich kurz vor der Krönung seines Lebensziels. „Vierundzwanzig winzige Flakons mit der zu Tropfen geronnenen Aura von vierundzwanzig Jungfrauen – kostbarste Essenzen, die Grenouille im vergangenen Jahr durch kalte Fettenfleurage der Körper, Digerieren von Haaren und Kleidern, Lavage und Destillation gewonnen hatte", waren schon in seinem Besitz und mit dem heutigen Tage hofft er sich „die köstlichste und wichtigste" Jungfrau zu holen. Ging alles gut, so würde er schon übermorgen „als der bestriechende Mensch auf Erden" Grasse für immer verlassen.

Gefährdung des Ziels

Doch noch ein letztes Mal wird Grenouilles Zuversicht am Mittag erschüttert. „Im Duftkleid der Stadt [...] fehlte der goldene Faden", und Grenouille glaubt sich für einen Augenblick um die Frucht seiner Arbeit betrogen. Als ihm ganz beiläufig der zurückkehrende Geselle Druot von der Abreise der Karawane des Zweiten Konsuls aus Grasse in Richtung Grenoble berichtet, weiß er sofort, was er zu tun hat, und schnürt sein Bündel, das die Werkzeuge und Materialien menschlicher Duftaneignung enthält.

Die Verfolgung

Nicht dem Weg Richtung Grenoble, den ihm die Wachposten der Stadt im Vertrauen auf ihre eigenen Augen weisen, folgt er, sondern dem Weg Richtung Süden, den ihm seine untrügliche Nase weist. Schon gegen fünf Uhr nachmittags erreicht er eben jenen Ort La Napoule, den auch der listige Antoine Richis mit Tochter und Zofe zu erreichen sucht, und findet, sich als Gerbergeselle aus Nizza ausgebend, in einem Gasthaus ein Nachtlager.

Begegnung und Täuschung

Wenig später kehren die von Grenouilles Nase schon längst erwarteten drei Reiter, verkleidet und im Glauben, sie seien inkognito, im selben Gasthaus ein. Während die Frauen ihre Zimmer beziehen, führt der Hinweis des Wirts, nur noch ein Gerbergeselle aus Nizza nächtige hier, Antoine Richis in den Stall. Was er aber auf dem Stroh liegend und an einen Reisesack gelehnt vorfindet, beruhigt ihn. „Jedenfalls stand für Richis augenblicklich fest, daß von diesem geradezu rührend harmlosen Wesen nicht die geringste Gefahr zu befürchten war“. Zufrieden mit dem bevorstehenden Gelingen seines Plans und frei von der Sorge um Laure begibt sich Richis nach dem Abendessen zu Bett und fällt „zum ersten Mal seit langer Zeit“ in „einen tiefen, ruhigen und erquickenden Schlaf“. Grenouille selbst ist die Begegnung mit Richis keineswegs entgangen. Er hat sich nur schlafend gestellt, um Harmlosigkeit vorzutäuschen. Nun, in der Gewissheit, keinerlei Verdachtsmomente erregt zu haben, kann er „ans Werk“ gehen.

Vorbereitung und Durchführung des Mordes an Laure

Mit äußerster Sorgfalt und Präzision präpariert Grenouille ein leinenes „Dufttuch“, ganz wie es das Verfahren der „kalten Enfleurage“ erfordert, ein Ritual, das der Erzähler anerkennend als „eine künstlerische Technik“ würdigt, dringt über eine Leiter von außen in die Kammer des Mädchens ein, wendet sich ihrem Bett zu und erschlägt sie mit einem Keulenschlag. Was folgt, ist für Grenouille „emsige Betriebsamkeit“ und „wie ein Bäcker den Strudel“ rollt er die Leiche Laures in das vorbereitete Tuch. „Sechs Stunden lang“, bis zum Morgengrauen wartet er, um den höchsten Duftgenuss zu ernten, den je ein Mensch besessen hat. Diese Stunden empfindet Grenouille als „tätiges Warten“, in denen sich für ihn „das Wesentliche tat“, und in der Überzeugung, alles richtig gemacht und keinen Dufthauch verschwendet zu haben, sieht er sich am „Ziel seiner Wünsche“ und erkennt in sich selbst „ein wirklich begnadetes Individuum“.

Das Dufttuch von Laure

Als er den Prozess der Duftgewinnung für beendet hält, löst er das „große enfleurierte Tuch“ von der Toten, schnürt es zu einem Paket zusammen und verlässt die Kammer auf dem gleichen Weg, auf dem er gekommen ist. Nicht einmal ein flüchtiger Blick gilt dem toten Mädchen, das Grenouille kein „einziges Mal in seinem Leben mit Augen“ gesehen hat.

Als Antoine Richis an diesem strahlenden Frühlingstag erwacht, um seine Tochter zu wecken, sehen wir ihn „begierig fast, sie noch im Schlaf vorzufinden, aus dem er sie wachküssen wollte, noch einmal, zum letzten Mal, ehe er sie einem andern Mann geben mußte“. Doch der begehrliche Wunsch des Vaters weicht nach dem Öffnen der Kammer der Gewissheit jenes Alptraums, der Richis noch in Grasse verfolgt hat. Er sieht „Laure auf dem Bett liegen, nackt und tot und kahlrasiert und blendend weiß“.

Entdeckung der Mordtat

Reaktionen auf die Tat

Mit der Nachricht vom Mord an Laure Richis kehrt die Angst noch furchtbarer in die Gegend der Stadt Grasse zurück als beim ersten Mal. Konnte der Mörder „nicht einmal vor der heiligen Schönheit Laures“ zurückschrecken, konnte nicht einmal ein so mächtiger Bürger wie Richis seine Tochter beschützen, so schienen alle Frauen und Töchter der Bestie ausgeliefert. Doch während die einen bei der Kirche Zuflucht suchen, andere sich okkulten Gruppen anschließen und Satansmessen lesen, einige gar den Methoden des Magnetismus, der Hypnose und der Telepathie huldigen, beginnt die Obrigkeit von Stadt und Land dieses Mal eine „systematische Verfolgung“ des Täters.

Verhaftung des Täters

Eine steckbriefliche Beschreibung mit dem Hinweis auf den etwas linkischen, hinkenden Gang des vermeintlichen Gerbergesellen aus Nizza führt nach einigen Denunziationen gegenüber unbescholtenen Gesellen zur Festnahme und Verhaftung Grenouilles. Ein Hauptmann der Stadtwache, den Grenouille nach dem Weg der Karawane Richis’ gefragt hat, gibt den entscheidenden Hinweis auf den Gesellen im Hause Arnulfi. Die Indizien gegen Grenouille sind erdrückend, man findet nicht nur die Kleider und Haare Laure Richis’, sondern auch die der anderen vierundzwanzig Mädchen.

Die Menge und der Mörder

Der Verhaftung Grenouilles folgt seine von der Sensationslust der Menge geforderte öffentliche Zurschaustellung. Doch der rechte Volkszorn will sich angesichts der dargebotenen Kreatur zunächst nicht einstellen: „Kein Mensch konnte es fassen, daß der windige, kleine, geduckte Mann dort oben am Fenster, dieses Würstchen, dieses armselige Häuflein, dieses Nichts, über zwei Dutzend Morde begangen haben sollte." Erst als man Grenouille, den wirklichen Mörder, in seine Zelle zurückführt, kehrt bei der Menge das bereits anfangs erwartete Bild eines typischen Mädchenmörders zurück, das „donnerndes Wut- und Rachegeschrei" auszulösen vermag.

Prozess und Urteil

Der Prozess gegen den geständigen Grenouille verläuft zügig. Nur die Tatmotive für die Mädchenmorde bleiben für die Richter im Dunkeln und Grenouilles Erklärung „Ich habe sie gebraucht" deuten sie als Ausdruck von Geisteskrankheit. Am 15. April 1766 wird Grenouille zum Tode verurteilt. Bei lebendigem Leibe soll er binnen vierundzwanzig Stunden vor den Toren der Stadt gekreuzigt und seine Leiche nächtens an einem unbekannten Ort begraben werden.

Hinrichtung als Spektakel

Die Vorbereitung der Hinrichtung gerät zu einem einträglichen Geldgeschäft. Ein Blick auf den Gefangenen durch die Zellenklappentür bringt den Wärtern Bares, die Fensterplätze am Hinrichtungsort werden zu „exorbitanten Preisen vermietet", fliegende Händler, Limonadenverkäufer und Plätzchenbäcker bevölkern die Stadt. Das bevorstehende Ereignis kommt einem „hohen Festtag" gleich, die Arbeit ruht, die Feiertagsgewänder werden aus den Schränken geholt, wer von Rang und Amt ist, der hält Uniform, Orden und Perücke bereit. Für das Volk soll der Hinrichtungstag ein „Tag der Befreiung" werden.

Richis' Trauer und Rache

Währenddessen trauert im Hause Richis an der Rue Droite der Vater Tag und Nacht am Bett der toten Tochter, der er die bei Grenouille gefundenen Haare und Kleider gleichsam als Reliquien beigelegt hat. Die Hinrichtung des Mörders will er von einem reservierten Platz in der vordersten Reihe aus erleben und dessen Todeskampf so lange von Angesicht zu Angesicht verfolgen, „bis das Ding verreckt war".

Das Schauspiel beginnt

Der Tag der Hinrichtung selbst gerät zum Jahrmarkt. Der „Cours", der Hinrichtungsplatz, auf dem das Schafott und das Kreuz bereitstehen, füllt sich schon Stunden vor dem auf „fünf Uhr nachmittags“ festgesetzten Vollstreckungstermin. Das Erscheinen des Scharfrichters Papon und seines Gehilfen löst Jubel aus. Um vier Uhr ist die allein für die Honoratioren der Stadt errichtete Holztribüne ein getreues Spiegelbild dessen, was in Stadt und Land Namen und Einfluss hat.

Unerwartete Wende

Die Spannung und zugleich Verwirrung erreicht ihren Höhepunkt, als entgegen allen Erwartungen durch die frei gehaltene Gasse von der Rue Droite bis zum Hinrichtungsplatz der geschlossene zweispännige Wagen des „Polizeilieutenants“ mit livrierten Dienern und in Reiterbegleitung erscheint. Den Weg vom Gefängnis bis zum Schafott hat man sich für einen Delinquenten eigentlich anders vorgestellt. Als dann noch Grenouille ungefesselt und als freier Mann der Kutsche entsteigt, scheint die Wirklichkeit außer Kraft gesetzt zu werden. „Und dann geschah ein Wunder. Oder so etwas Ähnliches wie ein Wunder, nämlich etwas dermaßen Unbegreifliches, Unerhörtes, Unglaubliches“. Während nämlich Grenouille in blauem Rock, weißem Hemd, weißen Seidenstrümpfen und schwarzen Schnallenschuhen vor der Menge steht, fühlt sich diese „von einem Moment zum anderen von dem unerschütterlichen Glauben durchtränkt, [...] der kleine Mann [...] könne unmöglich ein Mörder sein“.

Massenverführung und Orgie

Doch die kollektive Wandlung des Publikums steht erst am Anfang. Aus dem Gefühl der Liebe gegenüber dem „kleine[n] Mann im blauen Rock“ entwickeln sich zunächst noch zaghaft erotische Fantasien, um dann in „nackte Begehrlichkeit“ umzuschlagen. Was als Hinrichtung geplant ist, endet als infernalische Kopulationsszene, die mit allen gesellschaftlichen Tabus und Schranken bricht. Grenouille aber, der diese Lust verursacht und selbst Objekt der Begierde ist, bleibt unbeteiligter Zuschauer und verachtet zynisch das Treiben. Im Nebeneinander von „größtem Triumph seines Lebens“ und der Unfähigkeit zum eigenen Genuss und zu eigener Liebe erahnt Grenouille seine Tragik. Zwar hat er mit Hilfe seines Parfums, „das vor den Menschen beliebt macht“, eine „prometheische Tat vollbracht“, den Aufstieg vom Zeck und Scheusal zum vergötterten „Großen Grenouille“, dem die Menschen huldigen und in dessen Namen sie Orgien feiern, aber der „Ekel“ gegenüber jenen „stu-

Grenouilles Größe und Tragik

piden, stinkenden, erotisierten Menschen“ sitzt umso tiefer. Grenouilles Situation ist umso tragischer, als er mit seiner „angemaßte[n] Aura, seine[r] Duftmaske, sein[em] geraubte[n] Parfum“ jeden Blick in sein Inneres, „in seine wahre Existenz“ verschließt und gerade dadurch verhindert, dass „sein einziges wahres Gefühl“, der Hass, von den Menschen wahrgenommen wird. Und während ihm bewusst wird, dass hinter seiner täuschenden Maske letztendlich „nichts als seine totale Geruchlosigkeit“ verborgen liegt, fühlt er jene entsetzlichen Nebel in sich hochsteigen, die ihn schon einmal in der Höhle des Plomb du Cantal verfolgten.

Richis' wundersame Verwandlung

Nur noch eine letzte Hoffnung bleibt Grenouille. In dem vom Richtplatz heranstürmenden Antoine Richis hofft er seinen „rächenden Engel“ zu finden. Ihm könne seine Maske, an der der „Duft seiner Tochter klebt“, nicht verborgen bleiben, er würde ihn töten. Doch statt Erlösung erlebt Grenouille ein letztes Mal die verheerende Wirkung seiner parfümierten Maske. Aus dem ersehnten Rächer wird ein um Vergebung und Liebe winselnder Vater, der Grenouille in völliger Verblendung als Sohn an die Stelle der von ihm ermordeten Tochter zu setzen versucht.

Grenouilles Flucht aus Grasse

Nachdem Grenouille, das Bewusstsein verlierend, sich im Bett von Laure Richis wiederfindet, wo ihm Richis das Versprechen abnimmt, sein Sohn zu werden, nützt er den ersten sich bietenden Augenblick zur Flucht. Vorbei an den von der Orgie schon erschlafften „Menschendünsten“ verlässt er Grasse in westlicher Richtung, „ohne sich noch ein einziges Mal umzuschauen“.

Bei den Bürgern von Grasse folgt dem Bewusstwerden jenes orgiastischen Massenwahns nicht die rationale Auseinandersetzung, sondern die Verdrängung. Letztere scheint umso perfekter zu gelingen, als man beschließt, den „Fall G.“ als erledigt zu betrachten und sich schon am folgenden Tage mit Dominique Druot, „Maître Parfumeur in der Rue de la Louvre“, ein neuer Täter findet.

Ersatztäter Druot

Das Geständnis des ehemaligen Gesellen aus dem Hause Arnulfi erpresst man durch Folter, und mit seiner Hinrichtung scheint „der Fall erledigt“ und das Leben in Grasse in seine normalen Bahnen zurückzukehren.

4. Teil: Grenouilles Rückkehr nach Paris und sein Ende

- Grenouilles Rückkehr nach Paris. Todeswunsch angesichts der Erkenntnis der eigenen Geruchlosigkeit und fehlenden Identität.
- Mitternächtlicher Gang zu seinem Geburtsort, dem Ort des größten Gestanks.
- Überschütten seiner Person mit seinem Parfum, seinem Zauberduft inmitten einer Ansammlung von Kriminellen und gesellschaftlich Geächteten.
- Auslöschung Grenouilles in einem Akt besinnungslosen Kannibalismus durch die Gruppe der Geächteten.

4. Teil: Grenouilles Rückkehr nach Paris und sein Ende

Grenouilles Selbsterkenntnis

Grenouille durchstreift Frankreich mit dem Ziel Paris, wo er am 25. Juni 1767 ankommt. Bei sich trägt er das Fläschchen selbst gemachten Parfums, das die Kraft besitzt, „die ganze Welt zu verzaubern". Doch was nützt ihm diese gewaltige Macht, „wenn er sich selbst nicht riechen konnte", wenn ihm jede eigene Identität fehlt, wenn er zugleich der Einzige ist, den sein göttliches Parfum nicht bezaubern kann: „Ich bin der einzige, für den es sinnlos ist."

Rückkehr an den Ort der Geburt

Er durchquert die Stadt, um genau an den Ort zurückzukehren, von dem sein Leben seinen Ausgang genommen hat. Am Cimetière des Innocents, jener stinkenden „Schutthalde des Todes", hält er inne, um zur nachmitternächtlichen Stunde dem gespenstischen Treiben des dort versammelten „Gesindel[s]" beizuwohnen. Er entkorkt sein Fläschchen, besprenkelt sich mit dem Zauberduft und spürt, wie ein „rabiater Sog" von ihm ausgeht, der alsbald alle Dämme brechen lässt. „Wie vom strahlenden Feuer" der Schönheit übergossen, wird Grenouille zum Objekt ungezähmter Begierde, und „wie die Hyänen fielen sie über ihn her", um in einem Akt des Kannibalismus den „Engel" aufzufressen. Zurück bleibt die Runde der Ausgestoßenen und Entwurzelten ohne „den geringsten Anflug von schlechtem Gewissen", vielmehr stolz darauf, „zum ersten Mal etwas aus Liebe" getan zu haben.

Grenouilles Auslöschung

Die Figuren

Grenouille – das geniale Scheusal

Grenouille – das geniale Scheusal	
	➞ Bezeichnung als einer der genialsten und abscheulichsten Gestalten seiner Zeit, ohne Moral, selbstüberheblich, menschenverachtend, gottlos. ➞ Schuld am Tod seiner Mutter aufgrund seines zähen Überlebenswillens. Überleben von Krankheit und sozialer Isolation. Geduld und Genügsamkeit einer Zecke. ➞ Spät einsetzende, auf Geruchseindrücke konzentrierte Sprachentwicklung. Fehlendes Schuldempfinden und Gewissen. ➞ Unausgeprägte Sehfähigkeit, aber überdimensionaler Geruchssinn. Dessen stufenweise, gezielte Ausprägung während seiner Zeit beim Gerber Grimal. Aufbau eines höchst differenzierten Geruchsgedächtnisses. Kreation neuer Düfte in der Fantasie und Entwicklung von Qualitätskriterien. ➞ Nach Überleben eines Milzbrands Beginn einer Phase des Jagens und Sammelns von Düften in Paris. Verfolgung der Spur eines unwiderstehlichen Mädchendufts. Aneignung des Dufts nach der Ermordung des Mädchens. Entwicklung zum größten Parfumeur aller Zeiten als neues Lebensziel. ➞ Grenouilles unscheinbares, hässliches Erscheinungsbild, sein ängstliches, geducktes Auftreten aus der Sicht des Parfumeurs Baldini. Im Kontrast dazu präzises Mischen des Parfums „Amor und Psyche“. Durch die Arbeit des neuen Gesellen Grenouille kommerzieller Erfolg Baldinis. ➞ Meditation, Selbstfindung, Allmachtsgefühle und Läuterung in der Höhle des Plomb du Cantal. Schock durch Entdeckung der eigenen Geruchlosigkeit. ➞ In Montpellier Mischen einer künstlichen Geruchsaura, Triumphgefühl, gleichzeitig Verachtung der Menschen. ➞ Überwältigendes Geruchserlebnis in Grasse. Strategisch geplante, sprachlich einer Brautwerbung ähnliche Vorbereitung der Gewinnung von Laure Richis' Duft. Glücksgefühle angesichts des leblosen Mädchenkörpers.

- Auf dem Hinrichtungsplatz größter Triumph seines Lebens, gleichzeitig innerer Zusammenbruch. Empfinden von Ekel gegenüber den Menschen, Leiden unter eigener Geruchlosigkeit.
- Wahl eines Todes durch Kannibalismus.

Grenouille – das geniale Scheusal

Genialität und Abscheulichkeit

Jean-Baptiste Grenouille wird bereits mit den ersten Sätzen des Romans in einem von schroffen Kontrasten und Widersprüchen geprägten Spannungsgefüge vorgestellt: Lapidar bezeichnet der Erzähler seine Hauptfigur als „zu den genialsten und abscheulichsten Gestalten“ (S. 5) seiner Epoche gehörig und nennt ihn in einem Atemzug mit ähnlich zwiespältigen Persönlichkeiten wie de Sade, Saint-Just, Fouché und Bonaparte (vgl. ebd.). In der so zugespitzten Zusammenstellung der Attribute „genial“ und „abscheulich“, bereits im zweiten Satz mit der Formulierung „geniales Scheusal“ wieder aufgegriffen, prallen unvermittelt zwei konträre Vorstellungsbereiche aufeinander: Unter einem Genie ist in der Vorstellungswelt des 18. Jahrhunderts ein Mensch mit außerordentlichen schöpferischen Leistungen zu verstehen, der die Fesseln der Konventionen sprengt, sich seine eigenen Regeln und Gesetze schafft und damit in seiner Existenzweise dem Göttlichen nahe kommt. Mit dem Begriff des „Scheusals“ verbindet der Erzähler einen Menschen, dem moralische Vorstellungen fremd sind, der sich vielmehr durch Selbstüberheblichkeit, Menschenverachtung und Gottlosigkeit auszeichnet (vgl. S. 5). Dieser vom Erzähler angekündigte schroffe Kontrast zwischen genialster Begabung und verwerflichstem Charakter bildet das zentrale Strukturmerkmal von Grenouilles Persönlichkeit.

Umstände von Grenouilles Geburt

Schon mit den äußerlichen Bedingungen seiner Geburt konkretisiert sich die Reihe ironischer Kontrastierungen: Grenouille, das spätere Geruchsgenie, das selber aber keinen menschlichen Geruch ausströmt, wird gerade in Paris, der Metropole des Gestanks, und dort noch an einem besonders übel riechenden Ort geboren. Unter einem Fischschlachttisch entbunden und von seiner Mutter mit der Hoffnung zu den blutigen Fischabfällen geworfen, er teile das Schicksal seiner Geschwister und käme gar nicht erst zum Leben, macht durch einen herzhaften Schrei auf sich aufmerksam und überant-

Der „Muttermörder“

wortet seine Mutter damit als Kindsmörderin dem Schafott. Diese erste Tat des Neugeborenen deutet der Erzähler später als bewusste, boshafte Handlung: „Es war ein wohlerwogener, fast möchte man sagen ein reiflich erwogener Schrei gewesen, mit dem sich das Neugeborene *gegen* die Liebe und dennoch *für* das Leben entschieden hatte. [...] Er war von Beginn an ein Scheusal. Er entschied sich für das Leben aus reinem Trotz und aus reiner Boshaftigkeit.“ (S. 28)

Zäher Überlebenswille

Dieser Grenouille, der sich durch einen gezielten Akt der Selbsterhaltung aus den Fischabfällen befreit und damit seine Mutter dem Henker ausliefert, zeigt auch weiterhin einen zähen Überlebenswillen. Ein mehrmaliger Ammenwechsel wird allein schon deshalb nötig, weil die Ammen Grenouilles Sauggier nicht gewachsen sind. Während seiner Pflegezeit bei Madame Gaillard übersteht er die Anfeindungen und sogar einen Tötungsversuch der anderen Kinder, die ihm gegenüber Kälte und Angst empfinden. Er gedeiht selbst bei den wässrigsten Suppen, überlebt alle Kinderkrankheiten, auch einen sonst meist tödlich endenden Milzbrand, der allerdings entstellende Narben hinterlässt. Die menschenunwürdigen Lebensbedingungen beim Gerber Grimal übersteht er fügsam und anspruchslos. Die völlige soziale Isolation, in der er bei Madame Gaillard und dem Gerber Grimal heranwächst, kann ihm deshalb wenig anhaben, weil er zum Leben der Liebe nicht bedarf. „Für seine Seele brauchte er nichts“, so kommentiert der Erzähler, „Geborgenheit, Zuwendung, Zärtlichkeit, Liebe – oder wie die ganzen Dinge hießen, deren ein Kind angeblich bedurfte – waren dem Kinde Grenouille völlig entbehrlich.“ (S. 28)

Grenouille, der Zeck

Diese Zähigkeit und Genügsamkeit Grenouilles verdeutlicht der Erzähler mit dem Bild des Zecks, das als Leitmotiv den ganzen Roman durchzieht. Der Zeck, in einem Vergleich schon sehr früh erwähnt (vgl. S. 27), ist äußerlich klein und hässlich, kann aber mit kleinsten Nahrungsmengen überleben. Was er ganz besonders mit Grenouille gemein hat, ist seine Fähigkeit, einsam zu warten, bis er ein Opfer wittert. Wenn er es dann befällt, sich in sein Opfer saugt und von dessem Blut lebt, folgt der Zeck seinem Lebensprogramm, mehr ist von ihm nicht zu erwarten.

Fehlendes Moralempfinden

Auch Jean-Baptiste Grenouille folgt von Anfang an einem Überlebensprogramm, in dem Fragen der Moral keinen Platz haben. Weder kann er im Kontakt mit anderen Menschen ein ihm gerecht werdendes Selbstbild aufbauen, noch lernt er einen angemessenen Umgang mit seiner Umwelt. Hierzu fehlen ihm einerseits die Vorbilder, andererseits die Grundlagen einer differenzierteren sprachlichen Verständigung. Erst mit vier Jahren spricht er sein erstes Wort, und zwar – mit Verweis auf seine Mutter und seinen Geburtsort – das Substantiv „Fische“ (S. 31). Auch weiterhin benutzt er die Sprache vor allem dazu, sich von ihn überwältigenden Geruchseindrücken zu befreien, indem er die Geruchssubstanz beim Namen nennt. „Mit Wörtern, die keinen riechenden Gegenstand bezeichneten“, so der Erzähler, „mit abstrakten Begriffen also, vor allem ethischer und moralischer Natur, hatte er die größten Schwierigkeiten.“ (S. 33)

Retardierte Sprachentwicklung

Den kaum erziehbaren jungen Grenouille prägt auch ein „sporadischer“ eineinhalbjähriger Besuch der Pfarrschule nur wenig: „Er lernte ein bißchen buchstabieren und den eignen Namen schreiben, sonst nichts. Sein Lehrer hielt ihn für schwachsinnig.“ (S. 35) So ist es nicht verwunderlich, wenn die gequälte und geschundene Kreatur Grenouille, nur mit der Ausgestaltung seiner inneren und der Abwehr seiner äußeren Welt erfüllt, nach dem ersten Mädchenmord von keinem Schuldgefühl befallen wird und die körperliche Gestalt seines Opfers schon recht bald vergisst. Das „Scheusal“ Grenouille hat im „Kuddelmuddel seiner schwarzen Seele“ (S. 55) aber auch deshalb keinen Platz für moralische Werte und Regungen des Gewissens, weil es sich bereits vom frühsten Alter an der Erforschung der Geruchswelt hingegeben hat.

Fehlendes Schuldempfinden

Während Grenouilles Mutter, an den Gestank ihres Fischstandes und seiner Umgebung gewöhnt, keine Gerüche mehr wahrnimmt, erwacht im Gegensatz dazu der Säugling Grenouille zunächst mit der Nase (vgl. S. 22). Von Grenouilles Augen erfahren wir in einer ersten Beschreibung seines Aussehens, sie seien „von unbestimmter Farbe, zwischen austerngrau und opalweißcremig, von einer Art schleimigem Schleier überzogen und offenbar noch nicht sehr gut zum Sehen geeignet“ (S. 22). Im Kontrast zu den noch unbestimmten Augen wird Grenouilles Nase als zielbestimmt und alle Gerü-

Olfaktorische Konstellation

che verschlingend beschrieben (vgl. S. 22 f.), und wenn von den Nasenflügeln gesagt wird, sie „blähten sich wie eine aufgehende Blüte“ (S. 23), so deutet der Vergleich mit der Blüte bereits auf Grenouilles spätere Beschäftigung mit der Welt der Parfums.

Auffallende Sensibilität für Gerüche

So hat bereits Pater Terrier den quälenden Eindruck, der Säugling Grenouille verschlinge ihn geradezu mit seiner Nase, röche „ihn schamlos ab“, „witterte ihn aus“ (ebd.), und der Kirchenmann fühlt sich schaudernd in seinem Innersten durchschaut. Aber erst während der Pflegezeit bei Madame Gaillard und in einer zweiten Phase während der Ausbildung beim Gerber Grimal entwickelt sich im Innern Grenouilles die Fähigkeit, Gerüche zu differenzieren, im Gedächtnis zu speichern und in der Fantasie neu zusammenzusetzen. Die Beschreibung dieses Prozesses beginnt mit dem vierten Lebensjahr und lässt sich in deutlich unterscheidbare Phasen gliedern.

Entwicklungsstadien des Geruchssinns

Zunächst wird Grenouille von einzelnen dominanten Gerüchen so stark erfüllt, dass sie ihn überwältigen und erregen, dass er in ihnen ertrinkt (vgl. S. 32) und er sich von ihrer bedrohlichen Übermacht nur durch ein eruptives Aussprechen des jeweiligen Wortes befreien kann. Schon bald aber differenziert sich seine Geruchswahrnehmung derart, dass sie die sprachlichen Ausdrucksmöglichkeiten weit hinter sich lässt. Das von Grenouille konstatierte Missverhältnis „zwischen dem Reichtum der geruchlich wahrgenommenen Welt und der Armut der Sprache“ (S. 34) stört sein Vertrauen in die Sprache, die er künftig nur noch zu unumgänglicher Verständigung mit anderen Menschen nutzt. Mit sechs Jahren hat Grenouille seine unmittelbare Umwelt, das Haus der Madame Gaillard und den Faubourg Saint-Antoine, geruchlich vollständig erfasst, „zehntausend, hunderttausend spezifische Eigengerüche“ (ebd.) gesammelt und in seinem Gedächtnis festgehalten.

Kreativer Umgang mit Gerüchen

Zu diesem Zeitpunkt nun beginnt Grenouille aus der Phase des Trennens und Sammelns herauszutreten und kreativere Formen des Umgangs mit Gerüchen zu finden. Jetzt erschafft er sich durch die Kombination der gespeicherten Düfte in seiner Fantasie neue Gerüche, was der Erzähler mit der Begabung des musikalischen Wunderkinds vergleicht, „das den Melodien und Harmonien das Alphabet der einzelnen Töne abgelauscht hatte und nun selbst vollkommen neue Melodien und Harmonien“ komponiert (S. 35).

Analytischer Geruchssinn

Beim Gerber Grimal eröffnen sich der olfaktorischen Entwicklung Grenouilles von dem Augenblick an neue Möglichkeiten, wo Grenouille, vom Milzbrand geheilt und künftig resistent, mit 12 Jahren einen halben Sonntag Ausgang bekommt. Er beginnt nun einerseits komplexe Gerüche aufzuspalten und in ihre „Grundgerüche“ (S. 44) zu zerlegen, zum andern „mit der Leidenschaft und Geduld eines Anglers“ (S. 45) unbekannte Gerüche zu jagen und zu sammeln. Nun, da er auf seinen ausgedehnten Streifzügen in den reicheren Faubourg Saint-Germain vordringt, lernt er auch einfache und raffinierte Parfums kennen, realisiert die Güte der Essenzen, aber auch die Fehler der Komposition. Grenouille ist in seiner Ausbildung des Geruchssinns damit an einen Punkt gelangt, wo nur von außen kommende Impulse weiterhelfen können. Traditionellen Vorstellungen vom genialen Menschen entsprechend, hat er, allen widrigen Lebensumständen zum Trotz, seine überragende Begabung mit manischer Besessenheit und bei vollkommener Vernachlässigung sozialer Kontakte ausgebaut. Die Gesetze, nach denen er vorgegangen ist, hat er sich wie ein echter Autodidakt selbst geschaffen, von seinen genialen Fähigkeiten nach außen gedrungen ist bisher kaum etwas.

Anzeichen des Genies

Mädchenduft als Orientierung

Der für die Förderung von Grenouilles genialen Fähigkeiten wichtigste Impuls weht ihm vom anderen Ufer der Seine in Form eines Mädchenduftes zu. Es spricht für die Selbstgewissheit des genial begabten Menschen, dass er die Spur dieses Dufts, des Vorbilds aller Düfte, aufnehmen muss. Grenouille zeigt hier die Radikalität des Genies, das nur ein Entweder-oder kennt. „Für Grenouille stand fest“, so interpretiert der Erzähler die Gefühlswelt des Helden, „daß ohne den Besitz des Duftes sein Leben keinen Sinn mehr hatte.“ (S. 55) Dieser Duft, für dessen Besitz er vor einem Mord nicht zurückschreckt, ist für ihn „die reine Schönheit“ (ebd.), eine Prägung, eine Zauberformel, „ein Kompaß für sein künftiges Leben“ (S. 57). In Grenouille entsteht durch den inneren Besitz dieses Mädchendufts das Bedürfnis, sich nun aktiv nach außen zu wenden und „der größte Parfumeur aller Zeiten“ (S. 58) zu werden.

Äußeres Erscheinungsbild

Von dem Zeitpunkt an, wo Grenouille ein eigenes Lebensziel gefunden hat und sich aktiv nach außen wendet, werden dem Erzähler auch sein körperliches Erscheinungsbild und die Wirkung auf seine Umwelt zunehmend bedeutsamer. Bisher wurde der heranwachsende Grenouille als denkbar unscheinbar und unauffällig geschildert, als „nicht besonders groß, nicht stark, zwar häßlich, aber nicht so extrem häßlich, daß man vor ihm hätte erschrecken müssen." (S. 31) Die Folgen der harten, unmenschlichen Lebensbedingungen und der überstandenen Krankheiten prägen seine Motorik und sein Aussehen. So charakterisieren ihn ein hinkender Gang und Narben im Gesicht, die „ihn entstellten und noch häßlicher machten, als er ohnehin schon war" (S. 42). Nun, mit Grenouilles Erscheinen vor dem Geschäft des Parfumeurs Baldini, werden neben Kommentaren des Erzählers auch die Eindrücke Baldinis wiedergegeben. Dessen Einschätzungen machen deutlich, zu welch widersprüchlichen Interpretationen das Aussehen und Auftreten Grenouilles Anlass geben. Der Parfumeur Baldini nimmt den zwölfjährigen Grenouille als einen „geduckt[en]" (S. 87) Jungen wahr, „mit ängstlich lauernden Augen [...] wie einer, der Schläge erwartet" (S. 87 f.), und der Erzähler fügt beschreibend an, dass Grenouilles Körper unter Baldinis Vorhaltungen linkisch zusammenklappt (vgl. S. 108). Sein gedrungener Körperbau strahlt zusammen mit der hektischen Gestik etwas Unheimliches aus, das auffallend häufig in bildhafte Ausdrücke wie „kleine schwarze Kröte" (S. 96; vgl. auch S. 97), „Gnom" (S. 98, 116) oder auch „schwarze Spinne" (S. 99) gefasst wird. In diesem bildhaften Kontext ist auch die Namensgebung zu deuten, da dem französischen *grenouille* das deutsche Wort „Frosch" entspricht.

Grenouilles Wirkung auf Baldini

Kindlichkeit und Greisenhaftigkeit

Gleichzeitig aber verfügt der als ängstlich lauernder Gnom, als greisenhafter Knabe beschriebene Grenouille, der seine Worte eher herauspresst, schlangenhaft zischelt (vgl. S. 92) als mit angemessener Bescheidenheit vorbringt, über ein geradezu „unheimliches" Selbstbewusstsein (vgl. S. 92 f.) und eine intuitive, traumwandlerische Sicherheit und Entschiedenheit bei der Verwirklichung seiner Vorsätze. Bereits beim Betreten von Baldinis Parfumerie überkommt Grenouille das Gefühl,

Selbstbewusstsein und Sicherheit

„daß er hierhergehöre und nirgendwo anders hin, daß er hier bleiben werde, daß er von hier die Welt aus den Angeln heben würde“ (S. 90). Diese plötzliche Entschiedenheit deutet der Erzähler aus der Instinktsicherheit des Zecks heraus, der nach langer Wartezeit genau weiß, wann er sein Opfer befällt, und dabei alles auf eine Karte setzen muss. Dementsprechend hantiert der ansonsten motorisch eher verkrampfte Grenouille beim Mischen des Parfums „Amor und Psyche“ geschickt. Obwohl er aus handwerklicher Sicht alles „gräßlich verkehrt“ macht, ist er doch „gräßlich selbstbewußt“ (S. 106) und vergießt keinen Tropfen der kostbaren Essenzen. So ist auch nur Baldini erstaunt, wenn Grenouille am andern Tag bereits mit geschnürtem Bündel darauf wartet, ausgelöst zu werden.

Motorische Geschicklichkeit

Vollzog sich Grenouilles olfaktorische Entwicklung bisher, von seiner Umwelt unbemerkt, ausschließlich in seinem Innern, so verfügt er nun über die nötigen Essenzen und Instrumente, um seine Parfumfantasien in die Realität umzusetzen. Dabei zeigt sich sehr deutlich, wie konsequent und radikal Grenouille an seinen einmal gefundenen Lebenszielen festhält. Während Baldini Grenouilles parfümistische Kreativität dazu nutzt, sein Geschäft auszudehnen, seine Konkurrenz zu verdrängen und sich zum bedeutendsten Parfumeur Europas zu entwickeln, richtet sich Grenouilles Interesse ausschließlich auf den Erwerb handwerklicher Grundkenntnisse.

Erwerb handwerklicher Grundkenntnisse

Es fügt sich ins Bild dieses genialen Menschen, dass er „instinktiv“ (S. 119) spürt, dass ihm das Beherrschen der handwerklichen Formen, der „Sprache der Parfumerie“ (ebd.), von Nutzen sein kann. Völlig gleichgültig gegenüber dem kommerziellen Erfolg Baldinis betrachtet er die Formbeherrschung als eine Art Tarnung (vgl. S. 120), begeht er mit Absicht kleinere Fehler, um seine Genialität zu kaschieren. Vor dem Hintergrund seiner leidenschaftlich verfolgten Absicht, „den Dingen ihre duftende Seele zu entreißen“ (S. 125), bewertet Grenouille seine parfümistische Arbeit als Spielerei, den Gesellenbrief lediglich als den „Mantel einer bürgerlichen Existenz“ (S. 121). So gerät er trotz seiner oft bewiesenen Zähigkeit zu dem Zeitpunkt in ernsthafte Gefahr, als die Realisierung seiner Lebensziele fraglich wird. Unmittelbar nach der Erkenntnis, dass die Möglichkeiten der De-

Handwerk als Tarnung

Krankheit als Sinnkrise

stillation für seine Pläne nicht hinreichen, ergreift ihn eine schwere Krankheit, von der sich sein sterbender Körper erst dann wieder erholt, als Baldini die weiteren Möglichkeiten der Duftgewinnung nennt.

Mit seiner Wanderung nach Grasse beginnt für den inzwischen achtzehnjährigen Grenouille ein neuer Lebensabschnitt. Unbelästigt von der Geruchsfülle der Hauptstadt Paris, kann er freier durchatmen, und da er sich, wie er es deutet, nicht mehr von den Menschen „wegkrümmen" (S. 149) muss, sieht er nun „von ferne betrachtet beinahe wie ein gewöhnlicher Handwerksbursche" (S. 148) aus. Dementsprechend ist sein Weg in die höchste Einsamkeit, in die Höhle des Plomb du Cantal, gleichzeitig ein Weg zu höchstem Glück. Grenouille, der, menschliche Normen verkehrend, bei Nacht wandert, weil die Einsamkeit und Statik der Nacht am ehesten der Welt seiner Seele ähnelt (vgl. S. 151), findet gerade in der Einsamkeit und Finsternis der Höhle mit einem „Gefühl heiliger Scheu" (S. 156) sein eigentliches Leben.

Einsamkeit als Läuterung

In meditativer Selbstgenügsamkeit erlebt er in der Imagination noch einmal die Etappen seines Lebens, tilgt unliebsame Gerüche aus seiner Erinnerung und plant, wie er es als Heranwachsender schon einmal getan hat, seine weitere olfaktorische Entwicklung. Dabei ergeht er sich in Herrscherträumen und setzt seinen Willen, da er mit Gott „nicht das geringste im Sinn" (S. 158) hat, wie der Erzähler versichert, als einzig gültige Macht. Aus dieser Allmachtsfantasie, einer fiktiven Vorwegnahme seiner späteren realen Beherrschung der Volksmenge in Grasse, stürzt er in dem Augenblick in die Niederungen von Angst und Verzweiflung, wo ihm seine eigene Geruchlosigkeit unwiderlegbar bewusst wird.

Allmachts-fantasien

Keinen eigenen Geruch zu besitzen, bedeutet für Grenouille, ohne Seele zu leben und damit keine Identität zu besitzen, sind doch seine gesamte Wahrnehmung, sein gesamtes Denken von den Düften und ihrer Differenzierung beherrscht und hat er es doch zu seinem Ziel erklärt, den Dingen ihre „duftende Seele" zu entreißen. So ist die Entdeckung der eigenen Geruchlosigkeit in ihrer Bedrohlichkeit auf gleicher Stufe mit dem zuvor überstandenen Milzbrand und den schwarzen Blattern zu sehen. Über diese lebensbedrohende Störung seines Selbstwertgefühls hilft ihm erst die Begegnung mit dem

Erkenntnis der eigenen Geruchlosigkeit

ruhmsüchtigen Marquis de la Taillade-Espinasse hinweg, der es ihm ermöglicht, sich einen eigenen Körperduft zu schaffen. Damit versehen, macht Grenouille eine neue, einschneidende Erfahrung, aufgrund derer der Prozess seiner Lebensplanung in ein neues Stadium tritt.

Schaffen einer künstlichen Aura

Grenouille, der sich bisher den Menschen unterworfen hat, bekommt nun eine Aura und wird von den Menschen beachtet. Als es ihm, der „Kuckucksbrut" (S. 196) unter den Menschen, gelingt, ein fremdes Kind an seine „scheinheilige" (S. 197) Brust zu drücken, bricht in ihm „ein schwarzer Jubel" los, „ein böses Triumphgefühl, das ihn zittern machte und berauschte wie ein Anfall von Geilheit" (ebd.). „Schwarz" ist dieser Jubel, und „bös" ist dieses Triumphgefühl insofern, als Grenouille weiß, dass diese Wirkung auf seine Umwelt eine künstlich geschaffene ist. Aus dem Bewusstsein heraus, dass ihm die Menschen zu betrügen ein Leichtes ist, wandelt sich seine bisherige Angst vor den Menschen in Verachtung. Wurde die Formulierung ein „Nichts von Mensch" (S. 117; vgl. auch S. 106) bisher nur auf ihn bezogen, so überträgt sie Grenouille nun auf die von ihm getäuschten Menschen, die er verabscheut, „weil sie nichts waren, und er war alles!" (S. 197)

Verachtung der Menschen

Beflügelt von dem Gefühl der eigenen Macht und Genialität, konkretisieren sich nun die in der Höhle auf dem Plomb du Cantal bereits entworfenen Allmachtsfantasien. Grenouille will nicht nur von den Menschen als ihresgleichen angenommen, sondern will von ihnen „bis zum Wahnsinn, bis zur Selbstaufgabe" (S. 198) geliebt werden. Hatte Grenouille am Abend seines ersten Mädchenmordes noch den Vorsatz formuliert, „der größte Parfumeur aller Zeiten" (S. 58) werden zu wollen, so steigert sich diese Absicht nun zu der Vorstellung, sich zum „omnipotente[n] Gott des Duftes" (S. 198) zu erheben. Mit diesem konkreten Lebensziel vor Augen verändert sich schließlich auch sein äußeres Erscheinungsbild: Sein Gang wird aufrechter, seine Sicherheit im gesellschaftlichen Umgang nimmt zu.

Ziel: Gott des Duftes werden

Wie acht Jahre zuvor in der Rue des Marais in Paris wird Grenouille auch in Grasse wieder von einem Geruchserlebnis überwältigt, das sein weiteres Handeln entscheidend bestimmt. Es ist der Duft Laure Richis', bei dessen Empfindung er alle Anzeichen leidenschaftlichs-

Laures Duft als neues Vorbild

ter Erregung zeigt: „Es [wird ihm] heiß vor Wonne und kalt vor Schrecken“ (S. 215), er schwindelt und taumelt, und der Schweiß steht ihm auf der Stirn (S. 216). Im Gegensatz zu seinem ersten Mord, wo er den Duft des Mädchens, wie er selbst ausspricht, einfach „nur in sich hineingesoffen und damit zerstört“ (S. 218) hat, plant Grenouille die Duftgewinnung diesmal mit äußerster Umsicht. Wenn auch das abstrakte Denken, wie der Erzähler versichert, „nicht seine Stärke“ (S. 317) ist, so verfügt Grenouille doch über ein hinreichend „durchtriebenes Wesen“ und einen „raffinierten Geist“ (S. 245), um sich in den ihm verbleibenden zwei Jahren bis zur höchsten Reife des begehrten Dufts mit handwerklicher Präzision auf sein neues Ziel vorzubereiten.

Strategisch geplante Vorbereitung

Bei der Schilderung der Vorbereitungen, des Mordes sowie der Duftgewinnung selbst zeigen sich noch einmal alle Aspekte von Grenouilles Gefühlsleben in grotesker Verkehrung. Während ihn das Mädchen Laure Richis als Person völlig gleichgültig lässt, erfüllt ihn bei ihrem Duft das „Glücksgefühl des Liebhabers“ (S. 241). Laure Richis' Duft erscheint personifiziert, umgegangen wird mit ihm in der Sprache der Brautwerbung: Grenouille werde „ihn heimholen übers Jahr“, so heißt es, von einem „absonderlichen Gelöbnis“, von einem „Verlöbnis“ und einem „Treueversprechen“ (S. 242) diesem Duft gegenüber ist die Rede. So weichen auch bei der Mordschilderung Grenouilles Gefühle von allen erwartbaren Normen ab: Zwar ist ihm der Keulenschlag auf den Hinterkopf seines Opfers verhasst, nicht aber wegen des brutalen Mordes, sondern ausschließlich wegen des damit verbundenen „ekelhafte[n] Geräusch[s]“ (S. 275), das seine ansonsten lautlose Tätigkeit empfindlich stört. Erst bei der anschließenden handwerklichen Arbeit der Duftgewinnung findet Grenouille wieder in eine entspannte körperliche Haltung zurück. Die Zeit des Wartens, während derer die mit Fett bestrichenen Tücher dem leblosen Mädchenkörper seinen Duft entziehen, erlebt Grenouille als „die einzigen Momente, da sich in seinem düsteren Hirn fast heitere Gedanken bildeten“ (S. 278).

Grotesk verkehrtes Gefühlsleben

Grenouilles Lebensziel scheint sich in dem Augenblick zu erfüllen, wo er sich, beduftet mit seinem olfaktorischen Lebenswerk, dem Höhepunkt seiner parfümis-

Die Erfüllung von Grenouilles Lebensziel

tischen Karriere, für die Menschenmenge zum „schönste[n], attraktivste[n] und vollkommenste[n]“ (S. 303) Wesen wandelt und er die Gefühlswelt der Menschen in ihrem „erotischen Zentrum“ (S. 303) trifft. Mit dieser strahlenden Aura umgeben, mit dem durch seine Arbeit „ertrotzt[en]“ (S. 304) göttlichen Funken versehen, erhebt sich das Genie Grenouille über den „weihrauchstinkende[n]“ (ebd.) Gott der Kirchen und über Prometheus, der der Erde das Feuer gebracht und Menschen erschaffen hat, und erlebt „den größten Triumph seines Lebens“ (S. 305). Aber auf dem Punkt seines höchsten Erfolgs macht Grenouille gleichzeitig seine zerstörerischste Erfahrung. Der von seiner Aura angeregten Massenorgie, dem größten Bacchanal „seit dem zweiten vorchristlichen Jahrhundert“ (S. 303), steht er teilnahmslos, mit „häßliche[m], zynische[m] Grinsen“ (S. 304) gegenüber. Er muss erkennen, dass er seine Mitmenschen mit seiner Duftschöpfung zwar zu höchster erotischer Ekstase treiben, selbst aber nur Abscheu und Ekel empfinden und sich nicht über seine eigene Geruchlosigkeit hinwegtäuschen kann. Damit bleibt sein innigster Wunsch unerfüllt, einmal in seiner wirklichen Existenz, seiner Geruchlosigkeit, wahrgenommen zu werden.

Triumph und Zusammenbruch

Auf dem Weg nach Paris erkennt der seines Lebens überdrüssige Grenouille noch einmal in aller Deutlichkeit die Unlösbarkeit seines Lebensproblems: Da er selber keinen Geruch besitzt, sich selbst nicht riechen kann, bleibt ihm die Erfahrung seiner eigenen Identität versagt. Seine ganze Lebensenergie hat er darauf verwandt, einen Duft zu schaffen, der Liebe inspiriert, mit dessen Hilfe er die höchste Macht über die Menschen erwirbt. Dieses Ziel hat er erreicht: Zwar kann niemand ermessen, mit welch genialer Perfektion dieses Parfum geschaffen ist, doch jedermann verfällt seiner Suggestion. Einzig seinen Schöpfer, Grenouille selbst, kann dieses Parfum nicht verzaubern, er weiß um dessen Künstlichkeit, es täuscht ihn nicht über seine Identitätslosigkeit hinweg. Mit dieser kränkenden Erfahrung kann Grenouille nicht mehr leben, es bleibt ihm nur noch der Tod.

Motive für den Selbstmord

Die ersten Bezugspersonen

Die ersten Bezugspersonen	
	➟ Grenouilles Mutter: Fischverkäuferin auf dem Pariser Viktualienmarkt. Gezeichnet von Krankheit und Armut. Betrügereien als Folge materieller Not. Nach ihrer Verhaftung Geständnis ihrer Kindsmorde. Abgestumpft gegenüber Gerüchen, Fehlen jeglicher moralischer Normen. Verurteilung und Tod durch Hinrichtung. ➟ Amme Jeanne Bussie: Verströmen von Milchgeruch. Im Gegensatz zu Grenouilles Mutter feiner Geruchssinn. Entdeckung von Grenouilles Geruchlosigkeit. ➟ Pater Terrier: fünfzigjährig, kahlköpfig, nach Essig riechend. Aufgeklärter, in Grenzen kritischer Theologe. Verunsicherung durch die Entdeckung von Grenouilles genialem Geruchsvermögen. Vorübergehende Entwicklung von Vaterfantasien. Übergabe Grenouilles an Madame Gaillard, danach überraschender Tod im Kloster. ➟ Madame Gaillard: dreißigjährig, Aussehen eines alten Mädchens. Verlust des Geruchssinns, völlige Emotionslosigkeit, aber Ordnungs- und Gerechtigkeitssinn. Nach Entdeckung von Grenouilles genialem Geruchssinn Gefühl von Unsicherheit. Verkauf Grenouilles an den Gerber Grimal. Nach Verlust ihres Geldes grotesker Tod im Krankenhaussaal mit hunderten von todkranken Menschen.

Die Mutter: Armut, Betrug, Kindesmord

Zeitlich gerafft, aber gerade in der knappen Ausgestaltung grotesk zugespitzt stellt uns der Erzähler die leibliche Mutter Grenouilles vor. Als eine noch junge Frau Mitte zwanzig wird sie beschrieben, „die noch ganz hübsch aussah und noch fast alle Zähne im Munde hatte und auf dem Kopf noch etwas Haar und außer der Gicht und der Syphilis und einer leichten Schwindsucht keine ernsthafte Krankheit“ (S. 8). Mit den ironischen Bemerkungen „fast alle Zähne“, „noch etwas Haar“, „keine ernsthafte Krankheit“ spielt der Erzähler sehr eindrucksvoll auf die gesundheitliche Situation jener untersten sozialen Schichten an, der die Mutter Grenouilles angehört. Als Fischverkäuferin auf dem Pariser Viktualienmarkt in der Rue aux Fers kann sie sich kleinbürgerliche Geborgenheit „als ehrenwerte Frau eines verwitweten Handwerkers“ (ebd.) lediglich erträumen. Ihre Realität ist der tägliche Kampf ums Überleben: Dass sie bereits übel stinkende Fische als gerade erst „aus der Seine gezogen“ (S. 7) verkaufen muss, deutet auf materielle Not und Betrügerei. Die vier Kinder, die sie bisher lebend oder tot geboren hat, verschwinden unauffällig unter ihrem Schlachttisch zwischen den Fischabfällen. Der Geburtsvorgang ist für sie ein mit Schmerzen und Ekelgefühlen verbundenes Geschehen, eine Störung des Tagesgeschäfts, die sie möglichst schnell und unaufwändig hinter sich bringen will. Nichts erfahren wir von ihrer Herkunft, noch nicht einmal den Namen, nichts von ihren Männern. Als durch Grenouilles Schrei ihr versuchter Kindesmord öffentlich wird, lässt sie sich willenlos festnehmen und ist geständig. Auffällig ist allerdings die Ausdrucksweise, mit der sie den versuchten Kindesmord sowie die vorangegangenen Kindesmorde eingesteht. Wenn sie zugibt, „daß sie das Ding bestimmt würde haben verrecken lassen, wie sie es im übrigen schon mit vier anderen getan habe“ (S. 9), so verweist ihr Sprachgebrauch auf völlige Abgestumpftheit und Gleichgültigkeit, auf das Fehlen jeglicher Menschlichkeit. Dass Grenouille angesichts einer solch ungünstigen sozialen Konstellation überhaupt überlebt, grenzt schon an ein Wunder.

Abgestumpftheit und fehlende Menschlichkeit

Mit Grenouilles Mutter beginnt Süskind die Galerie der Nebenfiguren, die alle durch ironische Motivkontrastierungen auf die Hauptfigur Grenouille bezogen sind. Der übel riechende Fischstand der Mutter Grenouilles, umgeben von Schwärmen von Fliegen, befindet sich auf dem ehemaligen Gelände des Cimetière des Innocents, so dass Fisch- und Leichengeruch sogar rivalisieren. Gezwungen, in diesem olfaktorischen Umfeld ihren Lebensunterhalt zu verdienen, nimmt Grenouilles Mutter den Gestank nicht mehr wahr, „denn ihre Nase war gegen Gerüche im höchsten Maße abgestumpft“ (S. 7). Ehe der mit genialem Geruchssinn begabte Grenouille als Figur präsent ist, wird, in ironischem Kontrast zu ihm, die in ihrem Geruchssinn abgestumpfte Mutter eingeführt. Das Motiv des Riechens ist somit bereits auf den ersten Seiten des Romans entfaltet. Das die Mutter charakterisierende Fehlen jeglicher humaner und moralischer Normen, die Gleichgültigkeit gegenüber eigener Verurteilung und Hinrichtung finden sich allerdings

Moralische Gleichgültigkeit

auch bei Grenouille wieder. Für eine Erziehung im Sinne christlicher Normen gab es offensichtlich auch bei Grenouilles Mutter keine geeigneten Personen. Auch sie lebt in einer sozialen Welt, in der der tägliche Kampf ums Überleben einem wie auch immer gearteten moralischen Denken und Handeln keinen Raum lässt.

Amme Bussie: Gegenfigur zur Mutter

Die Amme Jeanne Bussie, der der verwaiste Säugling Grenouille zur weiteren Pflege anvertraut wird, ist in allen Aspekten eine Gegenfigur zu Grenouilles Mutter. Sie lebt ganz in ihrer Profession als Amme, hat zu den grundsätzlichen Fragen des Lebens eine kreatürliche Einstellung und urteilt mit vernünftigem, wenngleich nicht allzu scharfsinnigem Menschenverstand. So eins ist sie mit ihrer Aufgabe des Pflegens und Stillens, dass sie, wie Pater Terrier wohlwollend bemerkt, bereits einen „Duft von Milch und käsiger Schafswolle“ (S. 12), einen „warmen Dunst“ (S. 13) verströmt.

Kreatürlicher Geruchssinn

Damit wird auch bei ihrer Einführung das Motiv des Riechens wieder aufgegriffen. Im Gegensatz zu Grenouilles Mutter aber zeichnet sich die Amme Bussie durch einen sehr feinen Geruchssinn aus, der ihr, ähnlich wie dies später bei Grenouille der Fall ist, bei der Orientierung in ihrer Welt behilflich ist. So kann sie ihre Säuglinge „nachts mit der Nase finden“ (S. 16) und entwickelt vor dem verblüfften Pater Terrier eine detaillierte, in kulinarischen Vergleichen schwelgende Dufttopografie ihrer Säuglinge. Nicht verwunderlich ist es deshalb, dass sie als Erste die Geruchlosigkeit Grenouilles bemerkt und als bodenständige, gottesfürchtige Frau sich seiner weiteren Betreuung entschieden verweigert.

Der aufgeklärte Pater Terrier

Strömt die Amme Bussie einen warmen Milch- und Schafwollduft aus, so wird der fünfzigjährige, kahlköpfige Pater Terrier durch einen leichten Essiggeruch charakterisiert (vgl. S. 11). In seinem Kloster Saint-Merri zuständig für die Verwaltung des Karitativfonds, „die Verteilung von Geld an Arme und Bedürftige“ (S. 11 f.), haben die Ideen der Aufklärung im Denken und Handeln Pater Terriers durchaus ihre Spuren hinterlassen. Hat er doch neben seinem Theologiestudium, so führt der Erzähler aus, „auch die Philosophen gelesen“ (S. 18) und sich der Botanik und Alchimie gewidmet. Zwar bezieht er sein Selbstbewusstsein auch aus seinem kritischen Geist, bekämpft abergläubische Vorstellungen und Rituale als Reste heidnischer Gebräuche, sein kritisches Denken macht allerdings da Halt, wo seine „Gemütsruhe" (S. 12) gestört würde: vor den „Grundfesten der Theologie" (S. 19). Wenn er die Existenz des Teufels auch niemals in Frage stellen würde, die Vorstellung der Amme Bussie, der Säugling Grenouille sei vom Teufel besessen, muss er zunächst zurückweisen.

Die Entdeckung von Grenouilles Geruchsvermögen

Als Erster wird Terrier auf die physiologischen Grundlagen von Grenouilles Genialität, auf sein zielgerichtetes, verfeinertes Geruchsvermögen aufmerksam. Terrier scheint es, als gehe von Grenouilles Nase „ein unheimlicher Sog" (S. 23) aus, als „sehe ihn das Kind mit seinen Nüstern" an, als „verschlänge es etwas mit seiner Nase", als röche es ihn „schamlos ab" (ebd.). Dieser exzessive Umgang mit dem, wie Terrier meint, „niedrigsten der Sinne" (S. 20) verunsichert den aufgeklärten, kritischen Kirchenmann so grundlegend, dass er sich des unheimlichen Säuglings augenblicklich entledigen muss. Nach der abgestumpften Mutter und der instinktgeleiteten Amme versagt auch der besonnene und von Gottesfurcht und rationaler Einsicht geleitete (vgl. S. 24) Pater, der einzige Mann unter den frühen Bezugspersonen Grenouilles. Dies ist umso auffälliger, als Terrier zuvor, angeregt durch den warmen Dunst der Amme, sich Vaterfantasien hingegeben hat.

Terrier als fiktiver Vater

Während ihn wohlige Empfindungen überkommen, gestattet er sich für einen Moment „den phantastischen Gedanken, er selbst sei der Vater des Kindes" (S. 22) und erträumt sich eine bürgerliche Handwerkerkarriere mit einer nach Milch und Wolle duftenden Frau. Damit erhält Pater Terrier in der Galerie der Mütter und Ziehmütter ironisch gebrochen und spielerisch eingestreut die Funktion eines fiktiven Vaters, ehe ihn der Säugling Grenouille mit seinem abnormen Geruchssinn schroff in die Wirklichkeit zurückruft.

Überraschender Tod

Überraschend ist für den Leser das unvermittelte, nur in einer Vorsilbe angedeutete Ende des Paters: Nachdem er den Säugling Grenouille voller Eile bei Madame Gaillard abgegeben und die Pflegekosten für ein Jahr bezahlt hat, flieht er ins Kloster zurück, entkleidet und wäscht sich, schlägt das Kreuz, betet lange und entschläft (vgl. S. 25). Mag sein, dass der intime Umgang mit dem vermeintlichen Teufel ihn so erregt hat, dass das Herz seinen Dienst abrupt verweigert.

Madame Gaillard: fehlender Geruchssinn und Gefühlskälte

Mit der dreißigjährigen Madame Gaillard, äußerlich der „Mumie eines Mädchens“ (S. 25) gleichend, wird erneut eine Ziehmutter eingeführt. Sie steht in einem ironischen Kontrast zu den anderen Bezugsfiguren. Da ihr Vater sie als Kind mit einem Feuerhaken „knapp oberhalb der Nasenwurzel“ (ebd.) über die Stirn schlug, hat sie ihren Geruchssinn verloren und ist leidenschaftlicher Empfindungen wie Zärtlichkeit, Abscheu, Freude und Verzweiflung nicht mehr fähig. Diese vollkommene „Emotionslosigkeit“ (S. 26) kompensiert sie durch „einen gnadenlosen Ordnungs- und Gerechtigkeitssinn“ (ebd.). Konsequent und eisern streicht sie die eine Hälfte der Pensionsgelder für ihren eigenen Lebensunterhalt und ihre Ersparnisse ein, teilt die andere Hälfte gerecht, aber unerbittlich auf ihre Pflegekinder auf und lässt sich vom Prinzip der Gleichheit weder durch persönliche Gefühle noch durch individuelle Bedürftigkeit eines Kindes abbringen. Damit bietet sie Grenouille eine realistische Überlebenschance: Zum einen erhält er von dieser kalt berechnenden, gefühllosen Frau die nötige materielle Zuwendung, auch ohne ihre Aufmerksamkeit auf sich lenken zu müssen. Zum andern kann Madame Gaillard, im Gegensatz zur Amme Jeanne Bussie, seiner Geruchlosigkeit nicht auf die Spur kommen. Erst dann vermutet sie übernatürliche Kräfte im Spiel, als der inzwischen achtjährige Grenouille sich angstfrei im Dunkeln bewegt, scheinbar durch feste Gegenstände hindurchsehen und Besucher lange vor deren Ankunft voraussagen kann. Als Grenouille schließlich die Fähigkeit erkennen lässt, „sorgfältig verstecktes Geld durch Wände und Balken hindurch zu sehen“ (S. 37), fürchtet sie, in ihren geheimsten Motiven durchschaut zu werden, und kann dieses unheimliche, mit einem „zweite[n] Gesicht“ (ebd.) begabte Kind in ihrem Haus nicht mehr ertragen. Wenn sie schließlich Grenouille dem Gerber Grimal im Bewusstsein verkauft, dass er dort „nach menschlichem Ermessen keine Überlebenschance“ (S. 38) besitzt, so verdrängt sie diese Erkenntnis hinter der Vorstellung, einen rechtlich korrekten Vertrag abgeschlossen zu haben. Ihr eigenes Schicksal, in äußerster Zeitraffung wiedergegeben, nimmt dennoch ein grotesk zugespitztes Ende: Das von ihr einzig mit dem Ziel angehäufte Geld, sich einmal den Luxus eines privaten Todes leisten zu können, ver-

Madame Gaillards Angst vor Entdeckung

Groteskes Ende

fällt im Verlauf der Französischen Revolution, und Madame Gaillard endet in einem Gemeinschaftsbett des Hôtel-Dieu, in einem „von Hunderten todkranker Menschen bevölkerten Saal“ (S. 40), in dem bereits zu ihrem lebenslangen Schrecken ihr Mann gestorben ist.

Die Lehrmeister Grimal und Baldini

Die Lehrmeister Grimal und Baldini

- Gerber Grimal: Brutaler Ausbeuter von Grenouilles Arbeitskraft, inhuman und profitorientiert. Arbeit für Grenouille Überlebenskampf. Nach Verkauf Grenouilles an den Parfumeur Baldini Sturz des betrunkenen Grimal in die Seine und Ertrinken.
- Parfumeur und Handschuhmacher Baldini: sechzig Jahre alt, elegante, aber förmliche Erscheinung. Seine Parfumeriehandlung beste Adresse von Paris.
- Jedoch keine parfumistische Kreativität, eher Verwalter und Hersteller traditioneller Düfte. Versagen beim Mischen eines bestellten Parfums.
- Gegner der Errungenschaften der Aufklärung, Anhänger der gewohnten Ordnung, des rigiden Zunftrechts.
- Zunächst herablassende Behandlung Grenouilles aufgrund seines chaotischen handwerklichen Vorgehens, dann Respekt vor seiner Genialität und systematische Ausbeutung. Gigantischer Aufschwung seines Parfumeriegeschäfts.
- Nach Entlassung Grenouilles mit einem Gesellenbrief Schuld- und Angstgefühle, Furcht vor einer Bestrafung wegen der skrupellosen Ausbeutung von Grenouilles Genialität. In der Nacht darauf Sturz seines Hauses in die Seine, Ende Baldinis und seines Reichtums.

Grimal als brutaler Menschenschinder

Obgleich Grimal als handelnde Person erst am Tag seines Todes präsent ist und wir über sein Aussehen so gut wie nichts erfahren, erhalten wir jedoch auf indirektem Wege, über die Schilderungen von Grenouilles Überlebenskampf, einige Informationen über den mit äußerster Brutalität und kalter Berechnung agierenden Gerber. Schon bei der ersten Geruchsbegegnung mit Grimal wird Grenouille augenblicklich klar, dass gegen diesen Mann, der ihn „bei der geringsten Unbotmäßigkeit zu Tode prügeln“ (S. 41) würde, nur äußerster Gehorsam und Anpassung weiterhelfen.

Damit beginnt Grenouille auf einer untersten Stufe der Hierarchie in einem Gewerbe, dessen Arbeiten mit Verwesung und Gestank, mit beizenden, ätzenden Flüssigkeiten, mit Nässe und Kälte verbunden sind. Der Körper und Sinne aufs Äußerste strapazierenden Tätigkeit entspricht bei Grimal ein ebenso inhumanes, ausschließlich am Profit orientiertes Denken und Handeln. Grenouilles Wert wird auf den Nutzen seiner Arbeitskraft reduziert, seine Tätigkeiten sind die eines Gehilfen, in den noch wenig Ausbildungsarbeit investiert ist und dessen Tod kein weiteres Aufsehen erregt. Erst nach überstandenem Milzbrand steigt für den Ausbeuter Grimal Grenouilles Arbeitswert.

Ausbeutung der Arbeitskraft

Nach Pater Terrier setzt nun Grimal die Kette der Figuren fort, deren Leben unmittelbar nach ihrer Trennung von Grenouille ein jähes Ende findet. Nachdem er seinen Gehilfen Grenouille, von dessen genialen Fähigkeiten er nie etwas geahnt hat, an den Parfumeur Baldini verkauft hat, betrinkt sich der so überraschend zu Geld gekommene Grimal in den besten Lokalen und stürzt auf seinem Heimweg orientierungslos in die Seine.

Grimals plötzlicher Tod

Dem klangvollen italienischen Namen Baldini, in dessen Wortstamm Bedeutungen wie „Kühnheit“ und „Selbstsicherheit“ mitschwingen, entspricht eine zwar elegante, aber etwas förmliche und steife Aufmachung. Der schon über sechzigjährige Parfumeur und Handschuhmacher wird hinter dem Kontor seines Laden stehend eingeführt, „alt und starr wie eine Säule, in silberbepuderter Perücke und blauem, goldbetreßtem Rock“, eine „Wolke von Frangipaniwasser“ (S.60) um sich verbreitend. Die „silberbepuderte“ Perücke weist ihn als einen modebewussten, finanziell gut situierten Mann aus, dem es etwas zu repräsentieren gilt: Seine bereits auf längerer Tradition basierende Parfumeriehandlung ist eine der renommiertesten, ihr Sitz mitten auf dem Pont au Change, einer mit vierstöckigen Häusern beidseitig bebauten Seine-Brücke, zählt zu den „feinsten Geschäftsadressen der Stadt“ (S.59).

Baldini: Parfumeur mit Tradition

Dass dieser Baldini weder ein Genie noch ein begnadeter Handwerker, sondern allenfalls der Verwalter eines ehemals blühenden Geschäfts ist, erfährt der Leser recht bald durch die Person des Gehilfen Chénier und durch die ausgedehnte Wiedergabe von Baldinis eigenen Ge-

Kein Erfinder, sondern Geschäftsmann

dankengängen. Baldinis ehemals erfolgreiche Parfums, so erfährt man, gehen auf ererbte oder gekaufte Formeln zurück, olfaktorische Kreativität ist nie seine Stärke gewesen; kein Erfinder ist er, sondern lediglich „ein sorgfältiger Verfertiger von bewährten Gerüchen“ (S. 66 f.). So erleben wir Baldini, vor die Aufgabe gestellt, im Auftrag des Grafen Verhamont für die Beduftung einer Lederhaut ein neues Parfum zu kreieren, in einer Situation ritualisierten Versagens: Zunächst mit kraftvollen, vollmundigen Sprüchen die Konkurrenz abwertend (vgl. S. 64), erweist er sich anschließend als zunehmend unfähig und kopflos. Um sich in den schon oft erprobten Betrug zu flüchten, sich insgeheim eines Dufts der Konkurrenz zu bedienen, ist diesmal sein Selbsthass zu groß: Das bereits besorgte Parfum des Konkurrenten Pélissier wirft er, angewidert von seiner eigenen Bewunderung, in die Seine und fasst den Entschluss, sein Geschäft aufzugeben und sich nach Italien, nach Messina zurückzuziehen.

Versagen als Parfumeur

Wie vor ihm bereits Pater Terrier, so ist auch der Parfumeur Baldini in die sozial- und geistesgeschichtlichen Strömungen seiner Zeit eingebunden. Zeigt sich aber der Kirchenmann Terrier als eher fortschrittlicher Theologe von den Gedanken der Aufklärung maßvoll beeinflusst, so stellt sich Baldini als verzweifelter Anhänger der „gute[n] altgewohnte[n] Ordnung“ (S. 102) dar. Polemisch wendet er sich gegen den „Geist der neuen Zeit“ (S. 75), gegen „hektische Neuerungssucht“ (S. 72), den „Geschwindigkeitswahnsinn“ (ebd.) und den Forschungsdrang in Wissenschaft und Philosophie, als dessen Motive er die Ruhelosigkeit und Unzufriedenheit ihrer führenden Vertreter zu erkennen vermeint. Als Reaktion auf die Erkenntnis, sich mit seinem einstmals blühenden Handel selbst überlebt zu haben, wünscht er sich, wenige Jahrzehnte vor deren endgültiger Abschaffung 1791, die „Rigidität des alten Zunftrechts“ (S. 69), die gesetzlich geregelten Produktionsweisen und überschaubaren Marktverhältnisse zurück. Sein abgrundtiefer Hass auf den neuen Zeitgeist konzentriert sich schließlich auf die Person des jungen Konkurrenten Pélissier, der, aus dem Hause eines Essigsieders stammend, ohne zünftige Ausbildung mit seinen immer neuen Kreationen den

Gegner der Aufklärung

Markt der Düfte bestimmt und Baldini an den Rand drängt.

Herablassung gegenüber Grenouille

Im Rahmen eines solchen Persönlichkeitsbildes ist es folgerichtig, dass Baldini dem anmaßenden Gerbergesellen Grenouille, der sich ein Parfum zu mischen zutraut, dessen Formel zu bestimmen dem Parfumeurmeister soeben misslungen ist, mit Herablassung und Spott begegnet. Dass er diesem hergelaufenen Gerbergesellen überhaupt eine Chance gibt, seine Behauptungen unter Beweis zu stellen, ist nur damit erklärbar, dass Baldini seine berufliche Laufbahn abgeschlossen wähnt und nichts mehr verlieren zu können glaubt. Wenn dann der Handwerksmeister, je offensichtlicher Grenouilles geniale Fähigkeiten zu Tage treten, desto hektischer und abwertender reagiert, bis er sich schließlich der „Überzeugungskraft des Duftes“ (S. 107) nicht verschließen kann, so deshalb, weil durch Grenouilles Handeln sein berufliches Weltbild zusammenfällt. Sein „nach Regeln dürstende[r] Geist“ (S. 118), überzeugt davon, dass es nur „eine einzig mögliche und richtige Art“ (S. 103) der Parfumkreation gibt, steht angesichts des von Grenouille angerichteten „entsetzliche[n] schöpferische[n] Chaos“ (S. 119) kurz vor dem „vollständigen Kollaps“ (S. 118).

Ausbeutung des genialen Lehrlings

Zwar braucht Baldini etwas Zeit, seine Überheblichkeit und seine Abwehrhaltung aufzugeben, doch dann beginnt er Grenouilles geniale Arbeitskraft nach allen Regeln der Kunst systematisch auszubeuten. Nun nutzt er seinen Lehrling aus, legt sich als unschätzbares Vermögen eine Formelsammlung der Düfte an, umgeht alle Zunftgesetze und gründet eine Manufaktur im Faubourg Saint-Antoine, exportiert ins Ausland und plant bereits ein Parfum für die Neue Welt (vgl. S. 144). Erst als der zu Reichtum und Ansehen gekommene Baldini den zum Gesellen ernannten Grenouille mit bescheidenem Reiseproviant und wenigen Francs entlassen hat, rationalisiert er seine Gewissensbisse, die ihn während der Anwesenheit dieses „Zauberer[s]“ (S. 142) geplagt haben.

Wendung zur Groteske

An dieser Stelle des Geschehens schließlich steigert sich die bisher satirische Darstellung von Baldinis ausbeuterischem und heuchlerischem Verhalten zur Groteske: Befreit von seinem „unheimliche[n] Gast“ (S. 143), auf seinen expandierenden Handel blickend, das Büchlein mit sechshundert Parfumformeln „über seinem Herzen" (ebd.), bleibt ihm nur noch die Angst, er könne noch nachträglich für sein verbotenes Treiben bestraft werden. Und gerade dies tritt in der folgenden Nacht ein: Der Pont au Change bricht zum Teil in sich zusammen, und zwei Häuser stürzen in die Seine. Von Baldini und seinen Reichtümern bleibt nichts mehr außer einem sich bald verflüchtigenden Duftgemisch über dem Wasser. Sein kurz zuvor gedachter Satz „Der Reichtum aber blieb und war für alle Zukunft sicher" (ebd.) wird auf groteske Weise falsifiziert.

Der Marquis de la Taillade-Espinasse

Der Marquis de la Taillade-Espinasse

- Lehensherr des Städtchens Pierrefort und Besitzer eines Stadtpalais in Montpellier. Erziehung Grenouilles für den Auftritt in feinerer Gesellschaft.
- Autor absonderlicher wissenschaftlicher Werke und Projekte. Idee der lähmenden Wirkung eines „fluidum letale" in Erdnähe. Vorgespielte Heilung des verwilderten Grenouille durch Ventilationstherapie. Vorführung Grenouilles vor einer Versammlung von Gelehrten.
- Genialität des Marquis in Wirklichkeit Scharlatanerie, aufgeklärtes Denken nur eine Pose, Drang nach Berühmtheit.
- Aufbruch zum höchsten Berg der Pyrenäen als Flucht vor vermeintlich giftigem Erdgas. Keine Rückkehr.

Erziehungsfunktion des Marquis

Hat der bürgerliche Parfumeur Baldini Grenouille in die handwerklichen Grundlagen der Duftherstellung und -bearbeitung eingeführt, so übernimmt der adlige Marquis de la Taillade-Espinasse die Aufgabe, den inzwischen verwilderten Parfumeurgesellen mit den Umgangsformen der feineren Gesellschaft, ja sogar der Wissenschaft vertraut zu machen. Eigentlich hätte sich Grenouille keinen besseren Mentor wünschen können: Der Marquis de la Taillade-Espinasse, zu dessen Landgut der wunderliche Waldmensch Grenouille gebracht wird, ist Lehnsherr des kleinen, in den Cevennen gelegenen Städtchens Pierrefort sowie Mitglied des Parlaments in Toulouse und verfügt über ein Stadtpalais im vierundsechzig Meilen entfernten Montpellier. Bis zum vierzigs-

Flucht vom Hof in die Wissenschaft

ten Lebensjahr hat der Marquis in der großen Welt des königlichen Hofes in Versailles gelebt, um sich dann auf seine Landgüter zurückzuziehen und sich ganz den Wissenschaften zu widmen.

Inzwischen, bereits der „Schwelle zum Greisenalter" (S. 206) nahe, von zahlreichen Alterskrankheiten gepeinigt (vgl. S. 188 f.), kann der Marquis auf ein umfangreiches wissenschaftliches Werk zurückblicken. Schon bei dessen Vorstellung setzt der Erzähler jedoch die ersten Ironiesignale. So hat der Marquis ein Werk über „dynamische Nationalökonomie" verfasst, „in welchem er die Abschaffung aller Abgaben auf Grundbesitz und landwirtschaftliche Erzeugnisse sowie die Einführung einer umgekehrt progressiven Einkommenssteuer" (S. 178) mit der Intention vorschlägt, die Armen durch eine höhere Besteuerung zu mehr Arbeit und größerem Fleiß anzuhalten. Mit dieser ironischen Einführung des Marquis wird dem Leser deutlich signalisiert, was er zu erwarten hat: eine Satire auf die Wissenschaftsirrtümer der Aufklärungszeit.

Die skurrilen Projekte des Marquis

Die wissenschaftlichen Publikationen und Forschungsprojekte des Marquis verraten einerseits ein auch für einen Wissenschaftler des 18. Jahrhunderts begrenztes Denken, ergänzt durch eine überschäumende, skurrile Fantasie, andererseits aber ein untrügliches Gespür für die eigenen Interessen und für öffentlichkeitswirksame Inszenierungen. So hat er sich einem Projekt zur Erforschung der „Zusammenhänge zwischen Erdnähe und Vitalkraft" (S. 178 f.) verschrieben und die These aufgestellt, die Erde verströme ein „fluidum letale" (S. 179), ein Verwesungsgas, das sich auf alle Organismen in Erdnähe lähmend auswirke. Die Verifizierung dieser These verfolgt der Marquis mit großem Fanatismus, alle gegenteiligen Erfahrungen und Beobachtungen blendet er aus und verdrängt sie. Überdies erlaubt ihm sein materieller und sozialer Hintergrund, großzügig angelegte Experimente zur Täuschung der wissenschaftlichen Öffentlichkeit zu inszenieren. Die Wissenschaftssatire, vor deren Folie die erfolgreiche Resozialisierung Grenouilles eingeleitet wird, arbeitet hier mit den Mitteln der Übertreibung, vermischt Fantastisches mit historisch Verbürgtem.

Die Theorie des „fluidum letale"

Wissenschafts-satire

Als ihm der verwilderte Grenouille, mit Haaren völlig zugewachsen, die Nägel zu Krallen verformt, die Haut in

Fetzen herabhängend, zu Gesicht kommt, wittert der Marquis die Gunst der Stunde. Ob Grenouilles Narben, seinen Buckel oder seinen Klumpfuß, alles deutet der Marquis als Folge des während dessen Höhlenaufenthalts jahrelang eingeatmeten Letalgases und unternimmt es, ihn „mittels einer Ventilationstherapie in Kombination mit Vitaldiät" (S. 181 f.) vor den Augen der wissenschaftlich interessierten Öffentlichkeit wieder herzustellen. Dass der Marquis dabei ein äußerst konsequent und aufwändig angelegtes Täuschungsmanöver einleitet, durchschaut Grenouille sehr schnell. Nichts deutet aber darauf hin, dass es dem Marquis selbst bewusst wäre. Einerseits setzt er Grenouille im Speicher seines Stadtpalais einem selbst erfundenen Freiluftventilationsapparat aus, ernährt ihn mit „diätetische[n] Speisen erdferner Provenienz" (S. 183) und wirkt damit im Sinne seiner Wissenschaft gegen die vermeintlich schädigenden Einflüsse des Letalgases. Andererseits unterzieht er Grenouille einer sorgfältigen Körperpflege mit den feinsten Kosmetika, kleidet ihn, der neuesten Mode entsprechend, in vornehme Gewänder, bringt ihm eine selbstbewusste Körperhaltung und preziöse Bewegungen bei und bereitet ihn damit für einen Auftritt in erlesener Gesellschaft vor. Um ein Scharlatan zu sein, ist sich der Marquis seines Betrugs zu wenig bewusst und steht er zu wenig auf dem Boden der Realität, aber seinem Ziel, mit seiner Fluidaltheorie wissenschaftliche Berühmtheit zu erlangen, strebt er mit borniertem Fanatismus konsequent und unerbittlich zu.

Die vermeintlichen Auswirkungen des Letalgases auf Grenouille

Der Wunderheiler

Überzeugt davon, das Tier Grenouille in einer „geradezu göttliche[n] Tat" zum Menschen gemacht zu haben, zeigt sich der Marquis „erschüttert" (S. 184) über seine eigene Genialität. Deutlich werden durch diese Aufnahme des Geniemotivs die ironischen Bezüge zur Triumphszene Grenouilles auf dem Richtplatz in Grasse: Während der wirklich genial begabte Grenouille eine „prometheische Tat vollbracht" (S. 304) zu haben wähnt und sich noch über Gott und Prometheus erhebt, lässt sich der scheinbare Menschenschöpfer Taillade-Espinasse, dessen Taten so offensichtlich auf Lug und Trug basieren, von seiner vermeintlichen Genialität erschüttern. Zur vollends lächerlichen Figur wird der Marquis schließlich dann, wenn Grenouille die Grundgedanken

Beweis für das Letalgas

Der Marquis als Genie

der Fluidaltheorie aufgreift und auf das Veilchenwurzelparfum des Marquis mit gespielter Ohnmacht reagiert, um sich, durch die Komödie geschützt, eigene Parfums mischen zu können.

Der Marquis als ‚Aufklärer'

Er, der Adlige, redet im Überschwang der Gefühle Grenouille mit „mein fluidaler Bruder" (S. 201) an und betont, dass im Hinblick auf die allgemeine Verbreitung des Letalgases, „alle Menschen gleich seien" (ebd.). Damit entströmen dem „aufgeklärte[n] Herz[en]" (S. 189) des Marquis Aussagen, die unverblümt auf die spätere Parole der Französischen Revolution „Einheit, Freiheit, Brüderlichkeit" verweisen, doch bleibt sich der Marquis seines Standes immerhin so weit bewusst, dass er diese Gedanken nur angesichts des lebensbedrohenden Letalgases für gültig erklärt.

Vertreter der Adelswelt

Aus der Sicht des traditionellen Bildungsromans übernimmt der Marquis de la Taillade-Espinasse die Aufgabe, den Helden Grenouille in die feinen Sitten des Adels einzuführen. Er bringt Grenouille in die menschliche Gesellschaft zurück, pflegt ihn und stattet ihn mit Geld aus. Doch dient all seine Zuwendung dem einzigen egoistischen Ziel, durch sorgfältig angelegte Täuschung eine unhaltbare wissenschaftliche Theorie zu verbreiten und damit Berühmtheit zu erlangen. Wenn Grenouille tatsächlich die Gelegenheit erhält, seine Wirkung auf die Öffentlichkeit zu erproben, seine Diktion in Salongesprächen der feineren Gesellschaft zu verbessern, so lediglich als ausgenutztes Demonstrationsobjekt.

Demonstrationsobjekt Grenouille

Erdflucht des Marquis

Wie Pater Terrier, nachdem er den Säugling Grenouille abgegeben hat, sanft entschläft, Grimal betrunken in die Seine fällt, Baldini mit dem Pont au Change und seinen Häusern in den Strom stürzt, ist auch dem Marquis nach der unbemerkten Flucht Grenouilles kein langes Leben mehr beschieden. Zwar bleibt ihm noch die Zeit, die erste „Loge des vitalen Fluidums" (S. 206) zu gründen, doch dann lässt er sich, vom Wahn seiner Theorien getrieben, zum Fuß des 2800 Meter hohen Pic du Canigou in die Pyrenäen begleiten. „Laute Jauchzer ausstoßend" (S. 207) beginnt er den Aufstieg in eisiger Kälte und kehrt nicht mehr zurück.

Die Witwe Arnulfi und ihr Geselle Druot

Die Witwe Arnulfi und ihr Geselle Druot
→ Witwe des kurz zuvor gestorbenen Parfumeurs. Etwa dreißig Jahre, von gesundem Wohlstand und Geschäftssinn. Karge Unterbringung Grenouilles in einer Hütte. Hingebungsvolles Leben mit ihren Duftstoffen. → Eheschließung mit dem Gesellen Druot bei Wahrung ihres Besitzstands und Leitung des Geschäfts. → Geselle Druot: groß, männlich, gegenüber Grenouille herablassend, aber dessen intuitiven Umgang mit Duftstoffen erkennend. Weder intelligent noch dumm. → Nach dem wundersamen Verschwinden Grenouilles an dessen statt gefoltert und nach Geständnis hingerichtet.

Anschauliche Einblicke in die in dem Städtchen Grasse entwickelten Techniken der Duftgewinnung, der Mazeration und der Enfleurage, erhalten wir im Parfumatelier der Witwe Arnulfi. Madame Arnulfi, deren Mann, Maître Parfumeur Honoré Arnulfi, erst wenige Monate zuvor gestorben ist, wird als eine „lebhafte, schwarzhaarige Frau von vielleicht dreißig Jahren" (S. 219) eingeführt, die sich sowohl durch einen „gesunden Wohlstand" als auch durch einen „gesunde[n] Geschäftssinn" (S. 220) auszeichnet. Dass sie ihre Interessen entschlossen zu wahren und Arbeitsbedingungen zu ihren Gunsten zu gestalten weiß, erfährt Grenouille bereits bei seinem Vorstellungsgespräch: Mehr als eine „Kabane" (ebd.) (von frz. *cabane* ‚Hütte, Schuppen') im nahe gelegenen Olivengarten, mehr als einen Wochenlohn von zwei Francs und eine warme Mahlzeit am Tag mag sie nicht anbieten. In ihrem Atelier übernimmt sie die ihr zustehenden Aufgaben mit Hingabe: Sie überprüft die Pomaden und Essenzen, beschriftet die Behältnisse und trägt deren Quantität und Qualität in die Geschäftsbücher ein. Angetan mit ihrem schwarzen Witwenschleier, besucht sie die Händler der Stadt, orientiert sich über den Duftstoffmarkt und seine Preise und entscheidet über die konjunkturgerechte Weiterverarbeitung ihrer Produkte. Ganz in ihren Duftstoffen lebend, bekommt sie beim Anschauen eines Flakons mit Essence Absolue einen „schmelzend schönen Blick" (S. 225). Diese sinnlichen Komponenten ihrer Persönlichkeit verhindern aber

Attraktivität und Verhandlungsgeschick

Die kluge Geschäftsfrau

nicht, dass sie bei ihrer zweiten Eheschließung mit dem Gesellen Druot ihre Rechte und ihren Besitzstand wahrt: Sie behält ihren alten Namen sowie ihr ungeteiltes Vermögen, führt die finanzielle Leitung des Geschäftes fort und bewacht den Schlüssel zum Keller.

Druot: männlich und überlegen

Der „eine Wolke von Spermiengeruch“ (S. 220) verbreitende erste Geselle Dominique Druot, von riesenhaftem Wuchs, begegnet Grenouille mit wohlwollender Herablassung. Dass er „Madames Bett zu teilen“ (ebd.) gewohnt ist, bleibt Grenouille ebenso wenig verborgen wie er sofort erkennt, dass nur die bei Grimal schon erfolgreich praktizierte Strategie der Unterwerfung und Verstellung längerfristig Erfolg haben kann. Druot seinerseits, „nicht gerade fabelhaft intelligent, aber auch nicht völlig dumpfköpfig“ (S. 226), spürt schon recht bald, dass Grenouille nicht nur nach den erlernten Regeln handelt, sondern die bessere Nase hat bzw. den Sättigungsgrad der Fette intuitiv erfasst, und richtet sich zunehmend nach dessen Vorschlägen. Durch seine Eheschließung mit Madame Arnulfi steigt Druot zwar zum „Maître Gantier et Parfumeur“ (S. 240) auf, doch bleibt ihm nur wenig Zeit, sein neues gesellschaftliches Ansehen in Grasse zu genießen. Da Grenouille auf wundersame Weise verschwunden und sein Todesurteil aufgehoben ist, braucht die Gesellschaft einen neuen Schuldigen.

Das Ende als Sündenbock

So wird Druot verhaftet, in dessen Olivengarten die Behausung des Mörders entdeckt wurde, der nach vierzehn Stunden Folter auch gesteht und ohne nennenswerte Anteilnahme der Bevölkerung hingerichtet wird. Somit beschließt der ahnungslose Geselle Druot die Reihe der Personen, die nach dem Verschwinden Grenouilles unter grotesken Umständen einen schnellen Tod finden.

Antoine Richis – der getäuschte Gegenspieler

Antoine Richis – der getäuschte Gegenspieler
→ Zweiter Konsul in Grasse, mit vierzig Jahren verwitwet, Vater von Laure Richis. Erfolgreicher Geschäftsmann. Drang nach gesellschaftlichem Aufstieg durch Verheiratung seiner Tochter mit dem Sohn eines Barons. → Leidenschaftliche, behütende Liebe zu seiner Tochter, an der Grenze zum Inzestuösen. → Panische Angst angesichts der Bedrohung seiner Tochter. Erkenntnis der Strategie des Mädchenmörders. Übereilte Flucht mit seiner Tochter und inszeniertes Täuschungsmanöver, von Grenouille jedoch durchschaut. → Nach Laures Ermordung Rückzug aus der Öffentlichkeit, kulthafte Verehrung von Laures Reliquien. → Beim Anblick Grenouilles von dessen Duft gebannt. Wandel des Ekels und Hasses in Liebe und Verehrung. Annahme des Mörders Grenouille als Sohn. → Ende als gedemütigter Mann mit verwirrten Gefühlen.

Erfolgreicher Geschäftsmann

Bei den Vorbereitungen seines letzten Mordes an Laure Richis, einem „strahlend“ (S. 263) schönen Mädchen, werden Grenouilles Pläne zum ersten Mal von einem Gegenspieler durchkreuzt, von dem nicht minder planvoll denkenden Vater Antoine Richis. Der mit vierzig Jahren schon verwitwete Richis, „von ungebrochner Vitalität“ (S. 253), „prächtig anzusehen“ (S. 263) und zweiter Konsul in Grasse, wird als Mann von unermesslichem Reichtum und hohem Ansehen vorgestellt. Öffentliche Ämter wie Besitz hat er sich in zäher Arbeit und aufgrund seiner Fähigkeiten erkämpft, ihm drohende Gefahren früh zu erahnen, die Machenschaften seiner Konkurrenten zu durchschauen und ihre Pläne wirkungsvoll zu durchkreuzen. Sein gegenwärtiges Handeln wird im Wesentlichen von zwei ihn beherrschenden Impulsen gesteuert: dem Drang nach gesellschaftlichem Aufstieg seiner Familie durch Verbindung mit dem Adelsstand und der Liebe zu seiner Tochter Laure.

Der Drang nach sozialem Aufstieg und die Liebe zur Tochter

In die Strategie des gesellschaftlichen Aufstiegs hat Antoine Richis als erstes seine Tochter Laure als wertvolles Handelsobjekt eingeplant. Für ihre Verheiratung mit

Laure als Handelsobjekt

dem Sohn des Barons von Bouyon sind in den Vorbesprechungen der beiden Väter die Weichen schon gestellt. Durch diese Heirat gesellschaftlich gestärkt, plant Richis erst in einem zweiten Schritt seine eigene neue Eheschließung und Verbindung mit einem „hochangesehenen“ (S. 254) Haus, um seine Nachkommen schließlich „zu höchstem gesellschaftlichem Ansehen und politischem Einfluß“ (ebd.) zu führen. Im Rahmen seiner Aufstiegsstrategie nimmt Richis' Tochter Laure somit eine wichtige, weil initiierende Rolle ein.

Laure als Objekt der Begierde

Über alle ökonomischen Interessen hinaus verbindet den noch ungebrochen vitalen Witwer Richis auch eine nur mühselig im Zaum gehaltene Liebe zu seiner Tochter. Wenn Richis seine Tochter anschaut, droht er Raum und Zeit zu vergessen, wenn er abends oder morgens die Konturen ihres schlafenden Körpers erblickt und ihre Wärme spürt, bedarf es seiner ganzen Anstrengung, die aufkommende sexuelle Begierde zu unterdrücken. Was Richis aber an libidinösen Wünschen nicht auslebt, schafft sich umso stärker in seiner Neigung Platz, seine

Der behütende Vater

Tochter abzuschirmen, zu behüten und an sich zu binden. In der Zeit der Serienmorde in Grasse verstärkt er zwar den Schutz seines Hauses, behält seine Tochter aber bei sich; von seinen Flucht- und überstürzten Heiratsplänen verrät er ihr nichts. Somit mischen sich in der Sorgfalt, mit der Richis seine Tochter bewacht, zwei zentrale Motive: eine kaum gebändigte, sich an der Grenze zum Inzestuösen bewegende Leidenschaft und ein in ökonomischen Begriffen durchkalkuliertes gesellschaftliches Interesse.

Erkennen der Bedrohung

Vor diesem Hintergrund wird verständlich, dass der ansonsten besonnene und gelassene Richis nach einer im Traum erhaltenen Vorahnung von Laures Tod, dem Tod seines gleichzeitigen Liebes- und Tauschobjekts, in panische Angst verfällt und erst langsam wieder zu klaren Gedanken zurückfindet. Sein tiefes Wissen um die körperlichen Reize seiner Tochter treibt ihn dazu an, sich mit seinem ganzen strategischen Denken in die Person

Einfühlen in den Mörder

des Mörders hineinzuversetzen, die Zielstrebigkeit von dessen Handeln aufzudecken und zu erkennen, dass nur seine Tochter Laure das nächste Opfer sein könnte. Zwar durchschaut er die ganz auf Laure als „Schlußstein seines Gebäudes“ (S. 259) zugeschnittene Systematik des

Mörders und auch sein ideelles Motiv, verschlossen bleibt ihm aber, dass der potentielle Mörder seine Instinktsicherheit ganz aus seinem genialen Geruchssinn bezieht. So wähnt sich Richis seinem Gegner zwar „haushoch überlegen“ (S. 260), in Wirklichkeit aber liefert er sich dem Zugriff des Mörders umso schutzloser aus, je fintenreicher er ihm zu entgehen versucht.

Inszenierte Flucht

Wenn Richis für seine plötzliche Reise ein falsches Ziel angibt, zur Täuschung seines Gegners Umwege wählt, Verkleidungen inszeniert und auf größtmögliche Sicherheit achtet, verhält er sich gegen seinen Grundsatz, „sich seine Entschlüsse nicht von anderen vorschreiben“ (S. 256) zu lassen. Was das strategische Denken des erfolgreichen Geschäftsmanns Richis so fragwürdig macht, ist gerade die Tatsache, dass er die Ziele seines Gegners so genau wie kein anderer durchschaut und dennoch ihm alle Trümpfe unwissend zuspielt. So ist der Mörder Grenouille, unbeeindruckt von den ausgelegten falschen Fährten, schon im Gasthaus von La Napoule angekommen, ehe Richis' getarnter Reisetross eintrifft. Auf einem Kontrollgang in den Pferdestall des Gasthauses stuft Richis den mit einem Unauffälligkeitsgeruch (vgl. S. 272) bedufteten Grenouille als vollkommen harmlos ein. Schließlich findet der durch seine Vorkehrungen beruhigte Richis gerade in der Mordnacht, wo noch alles zu verhindern gewesen wäre, „zum ersten Mal seit langer Zeit […] einen tiefen, ruhigen, erquickenden Schlaf“ (S. 272).

Richis' Irrtum

Ekel und Wut

Nach Laures Ermordung zieht sich Richis aus der Öffentlichkeit ganz zurück, verhärtet sich in einem Ekel über sich selbst und die Welt, bittet sich die Haare und die Kleider seiner Tochter als Reliquien aus und errichtet auf ihrem Bett eine Gedenkstätte, vor der er Tage und Nächte wachend und ohne Tränen verbringt. An der Vorführung des Mörders nimmt er nicht teil, wohl aber sichert er sich für den Tag der Hinrichtung einen Platz in der vordersten Reihe, um den mit dem Tod kämpfenden Mörder seiner Tochter seinen „ganzen Ekel“ (S. 295) spüren zu lassen. Aber ausgerechnet in dem Augenblick, wo er, Grenouille zum zweiten Mal begegnend, ihm seinen ganzen Hass entgegenschleudern könnte, versagt Richis erneut. Von Grenouilles Duft gebannt, legt sich „kein rächender Engel, sondern ein erschütterter, kläglich

Richis' grotesker Wandel

schluchzender Richis“ (S. 308) in die Arme des Mörders und bittet um Vergebung.

Von hier ab nimmt das Verhalten Richis’ so deutlich groteske Züge an, dass man fast von einem Zerfall seiner Persönlichkeit sprechen kann. Grenouilles Parfum bietet Richis als Herznote den Duft seiner Tochter, so übertragen sich die libidinösen Wünsche, die Richis seiner Tochter entgegengebracht hat, mit magischer Unausweichlichkeit auf den neuen Träger ihres Dufts. Nicht nur verzeiht der gestrafte Vater dem Mörder seiner Tochter, er liebt ihn sogar, lässt ihn sich auf Laures Bett legen und bittet ihn, sein Sohn zu werden. Als Grenouille zusagt, erfasst Richis ein unendliches Glück, und er küsst den ihm geschenkten Sohn auf den Mund.

Depersonalisierung

Damit reiht sich, zumindest in einem übertragenen Sinne, Richis in die Galerie der Figuren ein, die an Grenouille ihren Dienst verrichtet haben und nach dessen Flucht eines plötzlichen Todes sterben. Zwar erfahren wir über das weitere Schicksal des vermögendsten Bürgers von Grasse nichts mehr, doch ist der strategisch denkende, vom Erfolg verwöhnte Richis beim Abschied Grenouilles nur noch ein in verirrten Gefühlen schmachtender, gedemütigter Mann, in dessen Blicken der Erzähler nicht mehr als die „hohle, dümmliche Tiefe des Liebenden“ (S. 309) entdeckt.

Die Thematik

Geruchs- und Duftgeschichte

Geruchs- und Duftgeschichte

- Im 18. Jahrhundert noch Bewertung der Gerüche als flüchtig und der Triebhaftigkeit dienend. Diffamierung des Geruchssinns als archaisch, animalisch, primitiv, als Gegenpol zur Vernunft. Süskinds Orientierung an der Geruchsgeschichte des Historikers Alain Corbin.
- Seit Mitte des 18. Jahrhunderts bewusstere Wahrnehmung der Geruchswelt, Differenzierung der Duftgewinnung und Duftverarbeitung. Geruchsschilderungen von Paris in zeitgenössischen Quellen.
- Unterschiedliche Ausprägungen der Geruchsthematik in Süskinds Roman: Darstellung von Geruchstopografien, menschlicher Ausdünstungen, aber auch der unwiderstehlichen Anziehungskraft von Düften.
- Geruchsferne in der Höhle des Plomb du Cantal als Grenouilles Befreiung vom Druck der Gerüche in Paris.
- Grenouilles fehlender Eigengeruch als Kontrast. Seine Deutung der Geruchlosigkeit als fehlende Existenz. Existentielle Erschütterung als Folge seiner Entdeckung.

Flüchtigkeit der Geruchseindrücke

Die Einführung des Helden Jean-Baptiste Grenouille beschließt der Erzähler mit einer Erklärung dafür, weshalb der Name dieses „genialen Scheusals“ im Gegensatz zu dem de Sades, Saint-Justs, Fouchés und Bonapartes heute in Vergessenheit geraten sei: Sein Ehrgeiz habe sich ausschließlich auf ein Gebiet beschränkt, „welches in der Geschichte keine Spuren hinterläßt: auf das flüchtige Reich der Gerüche“ (S. 5). In der Tat bleibt die Luft als Geruchsträger unsichtbar. Geruchseindrücke, obwohl sie in der Erinnerung lange haften, lassen sich über die kurzen Augenblicke der Empfindung hinaus nicht fixieren. Dies hat mit dazu beigetragen, dass der Geruchssinn noch im 18. Jahrhundert als einer der niedersten Sinne betrachtet wurde. Zur Entwicklung des menschlichen Denkens habe er nur wenig beigetragen. So bezeichnet Immanuel Kant den Geruchssinn als den „undankbarsten“ und „entbehrlichsten“, da der „Genuß durch diesen Sinn […] immer auch nur flüchtig und vorübergehend sein" könne (Kant, „*Anthropologie in pragmatischer Hinsicht*", S. 453).

Unterdrückung des Geruchssinns

Dass die Geschichte der Gerüche über Jahrhunderte hinweg kaum wahrgenommen, geschweige denn geschrieben wurde, verdankt sich jedoch nicht allein der Flüchtigkeit der Empfindung. Der Geruchssinn galt auch deswegen als einer der niedersten Sinne, weil er als der archaischste aller Sinne zur Grundausstattung einfacher Lebewesen gehört. Seine Funktion besteht nicht nur im frühzeitigen Erkennen von Feinden, sondern auch im Entschlüsseln sexueller Signale. Diese Verbindung des Geruchssinns und seiner Organe mit Triebhaftigkeit und Sexualität führt dazu, dass unter dem Einfluss des Christentums die Welt der Gerüche und ihrer Wahrnehmung weitgehend verdrängt wird. Noch in der Aufklärung sehen die Philosophen im Geruchssinn eher einen Gegenpol zur Intelligenz und Vernunft. „Als Sinn der Lust, der Begierde, der Triebhaftigkeit", so fasst Corbin die noch im 18. Jahrhundert verbreiteten Vorurteile zusammen, „trägt das Riechorgan den Stempel der Animalität. Riechen und Schnüffeln erinnert an etwas Tierisches" (Corbin, 1984, S. 15). Diese Ansichten vertritt auch der ansonsten „aufgeklärte" Pater Terrier im Gespräch mit der Amme Jeanne Bussie. Wenn die Amme behauptet, der Säugling Grenouille rieche nicht und dahinter stecke vielleicht ein Teufelsspuk, so entgegnet ihr Terrier entrüstet, der Teufel lasse sich nicht so einfach entlarven und erst gar nicht mit der Nase: „Mit dem primitiven Geruchsorgan, dem niedrigsten der Sinne!" (S. 20)

Kulturhistorische Quellen

Wenn Süskind mit Jean-Baptiste Grenouille eine Figur erschafft, die sich, ansonsten von der Natur benachteiligt, im Paris des 18. Jahrhunderts durch einen übersteigerten Geruchssinn auszeichnet, jahrelang unter schlimmsten Entbehrungen Gerüche sucht und in sich speichert, um endlich zu beschließen, „die Welt der Düfte zu revolutionieren" (S. 57), der „größte Parfumeur aller Zeiten" (S. 58) zu werden, so bewegt er sich dennoch auf einem historisch durchaus abgesicherten Gelände. Aufgearbeitet hat die Geschichte des Geruchs im 18. und 19. Jahrhundert der französische Historiker Alain Corbin in seinem 1982 in französischer Sprache und 1984 in deutscher Übersetzung erschienenen Band „Pesthauch und Blütenduft". In dieser sicherlich wichtigsten kulturgeschichtlichen Quelle für Süskinds Roman belegt Corbin die These, dass sich gerade in Paris um die Mitte des 18. Jahrhunderts das Bewusstsein der Menschen gegenüber den Gerüchen ihrer Umwelt verändert habe, dass nach jahrhundertelanger Vernachlässigung der Geruchswelt nun eine Epoche erhöhter Bewusstheit und Wachsamkeit anbreche. Zum einen beginnt man die schädigende Wirkung der Kot-, Abfall- und Verwesungsgerüche zu erforschen und an ihrer Beseitigung zu arbeiten, zum anderen entwickeln sich eine zunehmend differenziertere Kultur der Duftgewinnung und Duftverarbeitung und in den gesellschaftlich führenden Kreisen die Mode der Parfumierung. Den besonderen Wert dieser umfangreichen Studie macht aus, dass Corbin seine Thesen mit bisher weitgehend unbeachteten zeitgenössischen Quellen belegt und illustriert.

Corbins Thesen

Liest man unter der Perspektive von Corbins Duftgeschichte Süskinds detaillierte Schilderung der Geruchstopografie von Paris, so erkennt man, dass sich die Romandarstellung eng an die Quellen hält und in ihrer Drastik keineswegs übertreibt. Die getreueste zeitgenössische Schilderung der Geruchssituation in der französischen Hauptstadt gibt Louis-Sébastien Mercier in seinem 1782–88 erschienenen kulturhistorischen Werk „Tableau de Paris“. Darin wundert sich der aufmerksame Zeitzeuge Mercier, dass es „inmitten einer von tausend fauligen Dämpfen vergifteten Luft, zwischen Schlachtereien, Totenäckern, Hospitälern, Abzugsrinnen, Urinbächen, Kothaufen, Färbereien, Lohgerbereien und Lederwerkstätten“ (zit. nach: Corbin, 1984, S. 78) überhaupt noch ein Mensch in Paris aushalten könne. Die Gerüche, die Süskind in seinem rhetorisch eindringlich gestalteten Tableau heraufbeschwört, sind in ihrer Intensität in den zeitgenössischen Quellen durchaus belegt. Auch die Bemerkung, dass üble Körpergerüche zur damaligen Zeit noch keineswegs an soziale Schichten und Stände gebunden waren, ist durch Corbins Forschungen abgesichert. Der provozierend zugespitzten Formulierung Süskinds: „Der Bauer stank wie der Priester, der Handwerksgeselle wie die Meistersfrau, es stank der gesamte Adel, ja sogar der König stank, wie ein Raubtier stank er, und die Königin wie eine alte Ziege“ (S. 6) entspricht bei Corbin die weniger personalisieren-

Quellentreue Schilderungen

de, die Quellenbefunde zusammenfassende Erkenntnis: „Im Augenblick gibt es noch keine Trennungslinie zwischen dem Geruch des niederen Volkes und dem der Reichen" (S. 76). Dem Geruch kam, noch weit über das 18. Jahrhundert hinaus, eine alle Stände vereinende Funktion zu.

Fehlendes Engagement

Was den Erzähler von Grenouilles Lebensgeschichte jedoch von dem Chronisten der damaligen Zeit unterscheidet, ist die Intention, mit der die Geruchstableaus entwickelt werden. Während der Mediziner Jean-Noël Hallé ein ausführliches Geruchsprotokoll der Seineufer verfasste und Mercier die Berichte über seine Parisspaziergänge mit dem Ziel anfertigte, der Öffentlichkeit die Missstände in Bezug auf die Gerüche und damit verbundenen gesundheitlichen Gefahren bewusst zu machen, lässt sich bei Süskind ein soziales Engagement nicht erkennen. Nicht die hinter den Geruchstableaus stehenden gesellschaftlichen Missstände werden benannt. Vielmehr geht es darum, für das Leben des Geruchsgenies Grenouille eine erzähltechnisch wirkungsvolle, weil in schroffem Kontrast zu seinem späteren parfümistischen Schaffen stehende Umgebung zu entwickeln. Süskinds Intention ist es, neue Beschreibungsdimensionen zu erschließen, den Leser durch rhetorisch suggestive, aber auch durch spielerisch ironische Geruchsbeschreibungen ein authentisches Bild vom Paris des 18. Jahrhunderts zu vermitteln.

Duft als Lockmittel

Lokalitäten wie Fischmärkte, Gerberwerkstätten, Parfumeurskontore oder die getarnten Paläste der Duftstoffhändler in Grasse von ihrer Geruchstopografie her zu vergegenwärtigen, ist die erste Ausprägung der Geruchsthematik in Süskinds Roman „Das Parfum". Eine neue Funktion erhält die Welt der Gerüche in dem Augenblick, wo Grenouille während eines Feuerwerks zu Ehren des Königs überraschend einen nie zuvor gerochenen Duft erspürt. Bisher ist Grenouille allen neuen Düften analysierend und registrierend begegnet, zwar „mit Neugier, aber ohne besondere Bewunderung" (S. 47 f.). Jetzt plötzlich dringt „die Ahnung eines Dufts" (S. 50) bis zu seinem Herz vor, es wird ihm „schlecht vor Aufregung" (S. 51), und der Duft zieht ihn wie ein leitendes „Band" (S. 53) „unwiderstehlich" (S. 52) zu sich. Mit zunehmender Nähe steigt auch die Anziehungskraft dieser „Zauberformel“, Grenouille geht „ohne eigenen Willen“ (S. 53), wie ein Traumwandler. Die zweite Situation, in der Grenouille von der magischen Anziehungskraft eines Dufts überfallen wird, trifft ihn zwar weniger naiv – Grenouille ist inzwischen Parfumeursgeselle –, wirkt sich aber ebenso zwingend auf sein Gefühlsleben aus.

Magische Anziehungskraft

Grenouille muss stehen bleiben, wird festgehalten wider Willen, muss sich diesem Duft nähern (vgl. S. 214). Es wird ihm „heiß vor Wonne und kalt vor Schrecken“, das Blut steigt ihm zu Kopfe und weicht „zurück in die Mitte des Körpers“ (S. 215). In beiden Fällen, in der Rue des Marais wie in Grasse, ist das magische Objekt der Anziehung ein junges rothaariges Mädchen. Das erste Mädchen scheint auf dem Höhepunkt der Pubertät zu sein, der Erzähler schätzt es auf „dreizehn, vierzehn Jahre“ (S. 53), das zweite scheint mit seiner Pubertät eben erst zu beginnen, seine Brüste sind noch kaum wahrnehmbare „Ansätze“, weshalb ihr Grenouille für die Reifung des Geruchs noch ein bis zwei Jahre (vgl. S. 217) Zeit gibt.

Kontrastthema Geruchsferne

Mit der Geruchsdichte der Hauptstadt Paris, deren Topografie Süskind eindrucksvoll über die Fäkal- und Verwesungsdüfte, über die Gerüche der Gerber und Färber und über die Ausdünstungen der Menschen vergegenwärtigt, kontrastiert die Geruchsferne, die von keinem Menschen je betretene „feuchte, salzige Kühle“ (S. 156) der Höhle im Plomb du Cantal. Erst als Grenouille der Geruchsmetropole den Rücken kehrt, wird ihm bewusst, wie sehr er unter der Last des „geballte[n] Menschenbrodem[s]“ (S. 148) gelitten hat. Je weiter er sich entfernt, desto leichter atmet er durch, geht „immer beschwingteren Schritts“ (ebd.), findet „sporadisch zu einer geraden Körperhaltung“ und sieht „von ferne betrachtet beinahe wie ein gewöhnlicher Handwerksbursche“ aus (ebd.). Hier offenbart sich, was der Philosoph Immanuel Kant in seiner „Anthropologie“ dem Geruchssinn vorwirft, dass er nämlich dem Menschen keine Freiheit lasse, weil dieser sich dem Geruchseindruck dauerhaft nicht entziehen könne (vgl. Kant, S. 451 f.).

Unausweichlichkeit des Riechens

Kontrastthema fehlender Geruch

Auch Grenouilles bestürzende Entdeckung, selbst keinen Körpergeruch zu besitzen, ist als Kontrastmotiv eingebunden in die Geruchsthematik des Romans. Worüber das Mädchen in der Rue des Marais in Überfülle verfügt, einen überwältigenden, geradezu magisch anziehenden Körpergeruch, das entbehrt Grenouille gleich vollends. Mit diesem Motiv der Geruchlosigkeit bereichert Süskind den Roman um ein weiteres fantastisches Element. Dass sich jeder Mensch durch einen ihm eigenen Körpergeruch auszeichnet, hätte kein Gelehrter des 18. Jahrhunderts ernsthaft angezweifelt. Die Beziehung zwischen dem menschlichen Körper und seinem Geruch wurde damals schon als Identität gedacht, eine Vorstellung, die auch durch jüngere Forschungsergebnisse immer wieder belegt wird (vgl. Morris, 1993, S. 56 f.). So kann der aufgeklärte Pater Terrier die angebliche Geruchlosigkeit des Säuglings Grenouille auch nur unter Zuhilfenahme theologischer Spitzfindigkeiten auf sich beruhen lassen (vgl. S. 20 f.). Für Grenouille bedeutet die Erkenntnis eine existentielle Erschütterung, ein Zweifeln an seiner Identität und eine erneute Besinnung auf sein Lebensziel.

Körpergeruch und Identität

Sozialgeschichte

Sozial-geschichte	
	➟ Grenouilles Herkunft aus unterster Schicht der Gesellschaft. Geringe Überlebenschancen von Findelkindern in staatlichen oder kirchlichen Heimen. ➟ Grenouilles Überleben bei Madame Gaillard und dem Gerber Grimal trotz fehlender Zuwendung und menschenfeindlicher Bedingungen. Überlebenschance durch klaglose Anpassung. ➟ Kindheit Grenouilles als Beispiel für das soziale Elend der Deklassierten. Schilderung ohne Sozialkritik, meist aus der Sichtweise Grenouilles. ➟ Sozialer Kontext der Kindheit Grenouilles als Folie für seine Willensstärke, notwendiger Kontrast zu der sich abzeichnenden Entwicklung zum Duftgenie.

Um die Hauptfigur des Romans, eine radikale Rand- und Außenseiterexistenz, in ihren sozialen Kontext einzufügen, muss der Autor Süskind einen schroffen Blick in die gesellschaftlichen Niederungen Frankreichs im 18. Jahrhundert werfen. Bereits Grenouilles Herkunft und die Umstände seiner Geburt verweisen ihn in die unters-

Unterste soziale Schichten

ten Schichten der Gesellschaft: Vier „Totgeburten oder Halbtotgeburten“ (S. 8) gehen Grenouille voraus, er selbst wird im Abfall geboren, einen Tötungsversuch überlebt er wie durch ein Wunder, seine Mutter wird wegen mehrfachen Kindesmords hingerichtet. Ausführlich und faktengenau entwickelt Süskind die Überlebenschancen eines Findelkinds zur damaligen Zeit. Von der Sammelstelle für Findlinge in der Rue Saint-Antoine hätte ein Lastenträger, wäre Grenouille getauft gewesen, den Säugling in ein Großfindelheim nach Rouen gebracht. Dass „die Sterberate unterwegs außerordentlich hoch war“ (S. 10), erwähnen auch zeitgenössische Chronisten: Auf dreißigtausend Neugeborene im Jahre 1780 sollen etwa sieben- bis achttausend Findelkinder entfallen sein, deren Aussetzung professionell betrieben wurde.

Schicksal der Findelkinder

Dass Findlingsheime „höchst fragwürdige Bewahranstalten“ waren, in denen Krankheiten und Kindersterblichkeit furchtbare Verheerungen anrichteten (vgl. Farge, 1991, S. 573), stellen auch moderne sozialgeschichtliche Untersuchungen fest. Wenn Süskind die, wie er sarkastisch formuliert, „Verlustquote“ (S. 27) der großen staatlichen und kirchlichen Findelhäuser auf „neun Zehntel“ und die Zahl der in Paris „produzierte[n]“ (ebd.) Findelkinder, Bastarde und Waisen mit zehntausend beziffert, befindet er sich im Einklang mit der sozialgeschichtlichen Forschungslage. Die Unterkunft in einem Findelhaus bleibt Grenouille aufgrund der guten Laune eines Priors zwar erspart, jedoch erweist sich die Betreuung durch eine private Ziehmutter als nicht weniger lieblos und gefährlich. In harten Wintern, so Madame Gaillard, könne die Mortalitätsrate immerhin auf vier von vierundzwanzig Zöglingen steigen, doch überlebt Grenouille nicht nur die fehlende emotionale Zuwendung, sondern auch die Mordanschläge der ihm feindlich gesonnenen Mitzöglinge.

Mortalitätsrate

Betreuung durch Ammen

Auch in der weiteren Sozialisation Grenouilles häufen sich alle nur denkbaren Störfaktoren für die normale Entwicklung eines Kindes. Und das in einer Epoche, in der Rousseau in seinem Roman „Émile“ bahnbrechende Thesen zu einer natürlichen, die Eigenart der kindlichen Psyche bewahrenden Erziehung entwickelt hat. Aus egoistischen Motiven heraus verkauft Madame Gaillard ihren Zögling Grenouille an einen Gerber, bei dem

Menschenhandel statt Humanität

er „nach menschlichem Ermessen keine Überlebenschance“ (S. 38) besitzt. Eine Art Menschenhandel findet statt, bei dem die Rechtlichkeit des Geschäfts alles, die Humanität nichts bedeutet. Mit dem Erhalt des Geldes und einer schriftlichen Quittung entzieht sich Madame Gaillard ihrer Verantwortung.

Von nun an wirft bereits die räumliche Unterbringung Grenouilles ein grelles Licht auf die soziale Misere. Beim Gerber Grimal haust Grenouille in einem „seitlich an die Werkstatt gebauten Verschlag [...], in dem Gerätschaften aufbewahrt wurden und eingesalzne Rohhäute“ (S. 41), Baldini stellt für seinen Lehrling eine „Pritsche“ (S. 114) in die hinterste Ecke der Werkstatt, und noch in Grasse weist die Witwe Arnulfi dem Gesellen eine „Kabane“ oder besser „einen fensterlosen Verschlag“ (S. 220) im Olivengarten zu. Bei seinem Verkauf an den Gerber Grimal bemisst sich Grenouilles Wert ausschließlich an dem seiner Arbeitskraft. Er übernimmt Tätigkeiten für Gesindel, herrenlose Kinder und Herumtreiber: das „Entfleischen verwesender Tierhäute, das Mischen von giftigen Gerb- und Färbebrühen, das Ausbringen ätzender Lohen“ (S. 37). In klagloser Anpassung sieht er seine einzige Überlebenschance. Die Reduktion seines menschlichen Wertes auf den materiellen Nutzen wird in dem Augenblick noch einmal deutlich ausgesprochen, in welchem Grenouille wider alle Erwartung den Milzbrand übersteht und künftig resistent ist: „Und weil er nun nicht mehr so leicht zu ersetzen war wie ehedem, stieg der Wert seiner Arbeit und damit der Wert seines Lebens.“ (S. 42)

Menschenwert gleich Arbeitswert

Fehlende Sozialkritik

Am Beispiel von Grenouilles Kindheit wird die soziale Misere der Deklassierten im Paris des 18. Jahrhunderts zwar den Quellen entsprechend und in ihrer Inhumanität getreu dargestellt, es fehlt jedoch ganz der anklagende Ton des sozialen Engagements. Mitgefühl des Lesers kann kaum entstehen, denn viel zu oft werden die harten Fakten durch pointierte Formulierungen ästhetisch überzogen, nehmen humoristische Episoden wie Pater Terriers religiöser Disput mit der Amme Bussie den sozialen Situationen einen Teil ihres Ernstes. Für die irritierende Beobachtung, dass die Alltagsmisere, das soziale Elend ganz ohne ersichtliches moralisches Engagement ästhetisch gestaltet wird, lassen sich mehrere Erklärungen finden, die alle mit der Grundstruktur des Romans zusammenhängen.

Dominanz der Sichtweise Grenouilles

Zum einen folgt der Erzähler, wo er nicht in deutlich erkennbaren, ausdrücklichen Kommentaren das Geschehen reflexiv begleitet, weitgehend der Wahrnehmung seiner Hauptfigur Grenouille. Da Grenouille aber jegliche formale Bildung fehlt, ihm systematisierende Begriffe ebenso fremd sind wie genaueres Nachdenken, bleiben ihm auch die sozialen Zusammenhänge seiner Zeit weitgehend verborgen.

Sozialgeschichte als Folie für Genialität

Eine weitere Erklärung für das erkennbare Fehlen eines sozialen Engagements ergibt sich aus der schon zu Beginn benannten zentralen Thematik des Romans: Nicht Mitleidsappell oder soziale Anklage kündigt der Erzähler an, sondern die Biografie eines von der Geschichte vergessenen, den großen Männern seiner Epoche aber ebenbürtigen Genies. Mithin dienen die Schilderungen menschlichen Elends in erster Linie der sozialen Kontextualisierung von Grenouilles Entwicklung. Kennzeichnend für die Entfaltung eines Genies ist es, dass es seinen Weg auch gegen widrige Umstände, auch in einer inhumanen Gesellschaft findet. Die lieblose Umgebung, die Anschläge auf sein Leben, die gesundheitsgefährdende Schinderei bei Grimal, die fast tödlichen Krankheiten sind die Niederungen, aus denen sich Grenouille aufgrund seiner Willensstärke herausarbeitet. Die Entbehrungen und Bedrohungen des Deklassierten sind somit erzähltechnisch ein notwendiger Kontrast zu dem sich abzeichnenden Duftgenie. Dem Grundsatz entsprechend, dass stark mache, was nicht umwerfe, werden Grenouilles Entbehrungen zu existentiellen Prüfungen stilisiert, aus denen er jedesmal gestählt und voller Selbstgewissheit hervorgeht. „Er hatte gesiegt, denn er lebte“, so wird seine Genesung vom Milzbrand kommentiert, „und er besaß ein Quantum von Freiheit, das genügte, um weiterzuleben.“ (S. 43) Die Schilderung sozialer Missstände dient somit vor allem als Kontrastfolie, als genau recherchierte, stimmige Kulisse, vor der der in sich selbst verkapselte Zeck Grenouille, auf bessere Zeiten wartend, sein olfaktorisches Genie trotz aller einschränkenden Fesseln entfaltet.

Harter Weg zu den Gestirnen

Ereignis- und Ideengeschichte

Ereignis- und Ideengeschichte	
	➞ Wiedergabe historischer Ereignisse nur am Rande und ironisch-kritisch. Karikaturistische, glanzlose Darstellung des Königtums. Rolle des Königs beschränkt auf die Vergabe von Privilegien. ➞ Parodistische Wiedergabe des Siebenjährigen Kriegs durch pointierte Verkürzung. Grenouilles siebenjähriges Seelentheater im Plomb du Cantal als Kontrastierung. ➞ Madame Gaillard als Opfer der Französischen Revolution durch den Wertverlust des Papiergeldes. Ironisch gebrochene Darstellung der Revolution in ihrer Auswirkung auf die unteren sozialen Schichten. ➞ Der aus unterster sozialer Schicht stammende moralisch verwahrloste Grenouille als Gegenpol zur vernunftorientierten Aufklärung. ➞ Parfumeur Baldinis Polemik gegen alle Errungenschaften der Aufklärung aus der Sicht des Erfolglosen. Durch Grenouilles geniale Duftkreationen Aufstieg Baldinis zum Kapitalisten. Entlarvung seiner früheren Fortschrittsfeindlichkeit. ➞ Marquis de la Taillade-Espinasse als Karikatur des Wissenschaftlers der Aufklärungsepoche. Vermeintlich objektive Forschung als lächerlicher Selbstbetrug und Verführung der Volksmassen. Parodistischer Gegenentwurf zur Philosophie der Aufklärung.

Entzauberung der großen Geschichte

Die vermeintlich großen Ereignisse der französischen Geschichte des 18. Jahrhunderts streift Süskind in seinem Roman nur am Rande. Angesichts der Konzentration des Romangeschehens auf die Lebensgeschichte Grenouilles erscheint dies auch nicht weiter verwunderlich. Und doch zeigen sich in der Marginalisierung historischer Ereignisse, vor allem aber in der Art ihrer Darstellung deutliche Spuren einer ironisch-kritischen Auseinandersetzung mit gängigen Geschichtsbildern und historischen Legenden.

Karikatur höfischer Macht

Der französische Königshof, im überlieferten Geschichtsbild Ausdruck absolutistischer Herrschaft, gerät in den wenigen Hinweisen des Erzählers eher zur Karikatur von königlicher Machtfülle. Welch Spott auf das Königreich, wenn das „Versailler Hofleben“ (S. 178) nur einmal mit dem wenig rühmlichen Zusatz erwähnt wird, der Marquis de la Taillade-Espinasse habe ihm schon mit vierzig Jahren den Rücken gekehrt. Auch das einleitende Gestankstableau der Stadt Paris liefert eine parodistische Majestätsbeleidigung. Der König stank „wie ein Raubtier" und die „Königin wie eine alte Ziege" (S. 6), formuliert Süskind und deutet in der Wahl seiner Tiervergleiche zugleich reale Machtstrukturen an. Wo sich diese dann im folgenden Handlungsverlauf zeigen, bleibt wenig von höfischem Glanz. Zwar verschafft ein Feuerwerk zum 38. Jahrestag der Thronbesteigung Ludwigs XV. am Pont Royal dem zunehmend unbeliebten König nochmals „Ahs und Ohs und Bravos und sogar [...] Vivats" (S. 49), aber der Erzähler entlarvt dieses „Spektakel" (ebd.) als Ausdruck der Verblendung und greift damit erstmals das Motiv der Verführbarkeit des Publikums auf, das sich in der Massenorgie von Grasse zur Groteske steigert. Einzig aus der Sicht des bürgerlichen Parfumeurs Baldini verfügt der König durch die Vergabe von Privilegien, die das „Ende aller geschäftlichen Sorgen und eine ewige Garantie für sicheren, unangefochtenen Wohlstand" (S. 131) bedeuten, noch über reale Macht. Ein „Parfum de Madame la Marquise de Pompadour" oder „Parfum de Sa Majesté le Roi" (S. 132) sind denn auch, so der Erzähler ironisierend, „herrliche Vorstellungen", zu denen sich Baldini „verstiegen" (ebd.) hatte. Die Ergebnisse des Siebenjährigen Krieges zeigen in der von Süskind gewählten Darstellungsform, wie unfreiwillig parodistisch sich monarchistische Kriegs- und Kolonialpolitik durch pointierte Verkürzung ausnimmt. Beiläufig, kommentarlos, ohne jeden Anflug empörender Anteilnahme und gerade deshalb entlarvend hält der Erzähler fest: „Die Truppen des Königs starben in Hessen und Westfalen, auf den Balearen, in Indien, am Mississippi und in Kanada [...]. Der Krieg kostete einer Million Menschen das Leben, den König von Frankreich sein Kolonialreich" (S. 169). Spiegelt die Reihung der Schauplätze schon den Größenwahn einer omnipotenten militärischen Präsenz, so macht die provokative Gegenüberstellung zweier ungleicher Verlustrechnungen, des Verlusts eines Kolonialreichs und des Sterbens von „einer Million Menschen" (S. 169), die monarchistische Kolonial- und Kriegsgeschichte zur Farce.

Das Feuerwerk

Macht durch Privilegien

Entlarvung der Kriegsereignisse

Geschichtsparodie

Schon in einem früheren Zusammenhang gerät die Erwähnung des Siebenjährigen Krieges zur Parodie auf die Geschichte. Aus der Perspektive des Parfumeurs Baldini reduziert sich das Gerücht eines bevorstehenden Krieges zwischen England und Frankreich auf ein geschäftliches Kalkül. Nützt der Krieg dem Parfumabsatz oder schadet er ihm? Über den zunächst befürchteten Verlust seines englischen Exportmarktes tröstet ihn rasch eine vermeintlich „geniale Idee“ (S. 144) hinweg. Angesichts „der bevorstehenden kriegerischen Auseinandersetzungen um die Kolonien in der Neuen Welt“ (ebd.) sieht er sich schon mit einem Parfum „Prestige du Québec“ vor einem glänzenden geschäftlichen Erfolg. Dass der Erzähler die Figur Baldini „mit diesen süßen Gedanken in seinem dummen alten Kopf“ (ebd.) aus dem Roman verabschiedet, zeigt, wie er die „geniale Idee“ und damit die Urteilsfähigkeit dieses Parfumeurs einschätzt. Doch erst der kundige Leser, der um den Misserfolg der französischen Truppen in Übersee weiß – bezeichnenderweise bedeutet die Kapitulation Québecs am 18. 10. 1759 gerade den Anfang vom Ende des französischen Kolonialbesitzes –, vermag die Ironie dieser kurzen Szene wirklich zu erkennen.

Krieg als Spekulationsobjekt

Das innere Welttheater

Beschränkt sich für den kleinen Baldini der große Krieg auf einen möglichen Geschäftserfolg, so findet für den großen Grenouille der Krieg „in der äußeren Welt“ (S. 169) erst gar nicht statt. Gemessen am siebenjährigen „Seelentheater“ eines Duftgenies bleibt für den zeitgleichen Schauplatz eines Krieges in Europa und Übersee nur noch eine Fußnote. Die Ausführlichkeit wie die pathetische Überhöhung mit der Süskind Grenouilles Geruchs- und Seelenqualen beschreibt – hier ist von „innerem Imperium“, „innerem Welttheater“, „wirklich großen, heldenhaften Taten“, „seinem Reich“, „seiner Schöpfung“ die Rede (vgl. S. 158 ff.) –, steht inhaltlich wie sprachlich in kaum noch zu überbietendem Gegensatz zur Beschreibung der Schlachtfelder, Heldentaten und Qualen der realen Geschichte. Mit dieser pointierten Kontrastierung gibt der Erzähler das Geschehen „in der äußeren Welt“ (S. 169), die Geschichte des Siebenjährigen Krieges, der Lächerlichkeit preis.

Keine andere Biografie wird vom Erzähler so eng mit den konkreten politisch-historischen Ereignissen verknüpft wie die von Madame Gaillard. Dies allerdings erst, nachdem sie mit dem Verkauf Grenouilles an Grimal 1747 aus dem eigentlichen Romangeschehen abtritt. In einem kurzen Erzählerexkurs wird ihr späteres Schicksal bis zu ihrem Tode 1799 vorweggenommen. Madame Gaillard beendet ihre Tätigkeit 1782, also fast siebzigjährig, kauft sich mit ihren Ersparnissen in eine lebenslange Rente ein, eine damals sehr verbreitete Form der privaten Altersversorgung, und wartet in „ihrem Häuschen" (S. 38) auf nichts mehr als einen „eignen, abgeschirmten, privaten Tod" (ebd.). Denn der öffentliche Tod ihres Mannes im Hôtel-Dieu, das gemeinsame „Sterben mit Hunderten von fremden Menschen" (S. 27), haftete in ihrer Erinnerung als traumatisches Erlebnis. Doch statt dieser Erfüllung, so der Erzähler ironisierend, „kam etwas, womit kein Mensch auf der Welt hätte rechnen können und was es im Lande noch nie gegeben hatte, nämlich eine Revolution, das heißt eine rasante Umwandlung sämtlicher gesellschaftlicher, moralischer und transzendentaler Verhältnisse" (S. 38 f.).

Madame Gaillard als Opfer der Geschichte

Provokativ folgt dem kleinen lexikalischen Nachhilfeunterricht in Sachen Revolutionsbegriff, den Süskind seinem Leser gibt, die Schilderung der konkreten Auswirkung dieser „rasanten Umwandlung" auf das Schicksal der fast achtzigjährigen Madame Gaillard: Ihr Rentengeber ist zur Emigration gezwungen, seinen Besitz ersteigert ein Hosenfabrikant, der später die Rente nicht mehr in barer Münze, sondern in „Form von kleinen bedruckten Papierblättchen" (S. 39) auszahlt. Der radikale Wertverlust des Papiergeldes bedeutet für Madame Gaillard den materiellen Ruin, ein öffentliches Dahinsiechen im Hôtel-Dieu und schließlich die unwürdige Bestattung in einem „Massengrab" (S. 40). Die Geschichte der Französischen Revolution liest sich im Spiegel der Lebensgeschichte Madame Gaillards als Tragikomödie. Der Mythos der großen Revolution wird entzaubert, das Begriffspathos von der „Umwandlung sämtlicher gesellschaftlicher, moralischer und transzendentaler Verhältnisse" erweist sich angesichts des Schicksals von Madame Gaillard als zynisch. In ihrem „Abschied" aus dem Romangeschehen spiegelt sich nicht nur ein pointiertes Urteil über die Bedeutung der Französischen Revolution aus der Perspektive der Opfer. Mit dem Verzicht auf

Revolution als persönliches Desaster

Revolution als Tragikomödie

parodistische Züge erhält der Tod von Madame Gaillard eine Ernsthaftigkeit, die der „Verabschiedung“ der Romanfiguren Terrier, Grimal, Baldini und auch Grenouille fehlt. Die Würdelosigkeit ihres öffentlichen Dahinsiechens im Hôtel-Dieu und das anonyme Massengrab sind Teil einer kollektiven Entwürdigung der sozialen Unterschichten im Paris des 18. Jahrhunderts.

Zerrbild des Vernuftzeitalters

Erweist sich die große Ereignisgeschichte angesichts der Biografien der Romanfiguren als wenig rühmenswert, so gerät die ideengeschichtliche Bestandsaufnahme der Epoche des 18. Jahrhunderts nach der Lektüre des Romans zum Zerrbild des Vernunftzeitalters. Von den Leitideen bürgerlicher Aufklärungsphilosophie wie der Befreiung des Menschen von nicht legitimierten Zwängen, seiner Erziehung zum selbstverantwortlichen und moralisch handelnden Vernunftwesen bleibt ebenso wenig übrig wie am Romanende von seinem Helden Grenouille. Schon die den Roman einleitende Galerie berühmter „Finstermänner“ (S. 5), die der Erzähler zum Markenzeichen des 18. Jahrhunderts in Frankreich macht, rüttelt an gängigen Epochenvorstellungen. Gegen die Betonung der Vernunft als Leitschnur menschlichen Handelns setzt Süskind mit seiner Hauptfigur einen Gegenpol, der sich akzentuierter kaum denken lässt. Seine Epochengestalt entstammt der Gosse, trägt alle Züge seelischer und moralischer Verwahrlosung, ist asozial, verhöhnt alles, was nach menschlicher Bildung und nach Tugenden riecht und mordet fünfundzwanzig Jungfrauen ohne jedes Schuldbewusstsein. Aber nicht nur in Grenouilles Lebensgeschichte spiegelt sich unverkennbar der, wie der Kritiker Wolfram Schütte formuliert, „dunkle Schatten der Aufklärung“. Auch die anderen Romanfiguren werfen in ihren Handlungsweisen und Einstellungen wenig Licht auf diese Epoche.

Grenouille als Gegenpol zur Vernunft

Baldini als Gegner der Aufklärung

Am Beispiel des Pariser Parfumeurs Baldini führt Süskind in parodistischer Weise eine Auseinandersetzung mit den Ideen der neuen Zeit. Baldinis drohende Existenzkrise durch die Konkurrenz des parfümistischen Emporkömmlings Pélissier treibt ihn zunächst zur Abrechnung mit dessen unkonventioneller Produktionsweise: Aufgebracht wehrt sich Baldini gegen Pélissiers Strategie, sich in seinen Duftkreationen am Publikumsgeschmack zu orientieren und den Markt zu bestimmen, während Baldini nichts anderes übrig bleibt, als mit seiner Vorratshaltung und seiner Produktpalette den Moden hinterherzuhinken. Zu alt, abgestumpft und träge, die Konkurrenz mit dem bedeutend jüngeren Pélissier aufzunehmen, wünscht sich Baldini drastische Sanktionen wie die Entziehung des Patents oder gar „ein saftiges Berufsverbot“ (S. 69) für den unliebsamen Duftmischer. Alles Unglück der neuen Zeit rühre nur daher, so erklärt sich Baldini die Missstände, dass die Menschen „aufwieglerische Bücher von Hugenotten oder Engländern“ (S. 73) läsen, in denen alles in Frage gestellt werde. Wenn sich Baldini schließlich gegen die Erkenntnisse der Naturwissenschaften, der Medizin und der Pädagogik wendet, versteckt Süskind in Baldinis Tiraden auch konkrete Anspielungen auf die aufklärerischen Schriften der Zeit. So stellt Baldini bedauernd fest: „Die Wilden sind Menschen wie wir; unsere Kinder erziehen wir falsch“ (S. 74) und rührt damit an die Epoche machenden Gedanken Rousseaus. Auch auf die zur Zeit der Aufklärung fortschreitende Säkularisierung hebt er ab, wenn Baldini sich über die freche Mode empört, die „Autorität von Gottes Kirche“ in Zweifel zu ziehen, oder darüber klagt, die Priester hockten heutzutage schon in Kaffeehäusern (vgl. S. 74 f.).

Gegen modernes Unternehmertum

Baldini beschwört im Gewande des zu kurz gekommenen Spießers die Werte und Ordnungsmuster einer guten alten Zeit. Ein diffuses Gemisch aus persönlichen Ängsten, Vorurteilen und Unverständnis macht ihm alles Neue oder Moderne zum Kennzeichen eines „Jahrhundert[s] der Auflösung [...], der Zersetzung, des geistigen und politischen und religiösen Sumpfes“ (S. 76).

Aufklärungskritik des Erfolglosen

Die rückwärtsgewandte Aufklärungskritik Baldinis erfährt durch den Auftritt Grenouilles eine Wende und entlarvt sich selbst. Ermahnt er anfangs seinen Lehrling in grotesker Verkennung von Grenouilles wirklichen Absichten an „die Tugend der Bescheidenheit“ als „unabdingbare Voraussetzung für dein späteres Fortkommen als Mitglied deiner Zunft und deines Standes, als Ehemann, als Untertan, als Mensch und als ein guter Christ“ (S. 100), so zeigt der Schluss der Szene das wahre Gesicht des sein altes beschauliches Handwerk beschwörenden Baldini. Vergessen scheinen die Klagen über die parfümistischen Duftinflationäre (vgl. S. 69), über „Groß-

Entlarvung der Fortschrittsfeindlichkeit

mannssucht im Handel“ (S. 72), über den „Geschwindigkeitswahn“ (ebd.) und die Ausdehnung der Märkte, weggewischt auch die Mahnungen zur Bescheidenheit angesichts der Möglichkeiten, die sich ihm mit Grenouilles Hilfe eröffnen. Ein rasanter Aufstieg macht ihn innerhalb weniger Jahre „zum unumstritten größten Parfumeur Europas“ (S. 138 f.), dessen letzter verblendeter Traum noch darin besteht, sein Absatzgebiet in die französischen Überseekolonien auszudehnen. Aus den Untergangsvisionen eines Zeitalters werden Weltmarktvisionen eines kapitalistischen Parfumeurs, die belegen, wie sehr sich Einstellungen zu Zeitströmungen wandeln, wenn sie mit finanziellem Gewinn verbunden sind.

Baldini als Kapitalist

Der Marquis als aufgeklärter Wissenschaftler

Karikiert Süskind in der Figur des bürgerlichen Parfumeurs Baldini einen rückwärtsgewandten Kritiker der Aufklärung, so führt er mit der Figur des Marquis de la Taillade-Espinasse einen wissenschaftlichen Vertreter der Aufklärungsepoche ein, der kaum weniger karikaturistische Züge trägt. Dass die Wissenschaftsmethode und Experimente dieses angesehenen Adligen aus Montpellier auch ein Stück des zeitgenössischen Erkenntnis- und Forschungsstandes widerspiegeln, zeigt, wie nahe sich aus heutiger Sicht Wissenschaftssatire und tatsächliche Wissenschaftsgeschichte im 18. Jahrhundert kommen. Die „letale Erdfluidumtheorie“ (S. 181) des Marquis, mit der er am Beispiel Grenouilles die „Zusammenhänge zwischen Erdnähe und Vitalkraft“ (S. 178) zu bestätigen glaubt, entstammt wissenschaftlichen Abhandlungen über die Wirkungen der Erdausdünstungen. 1754 liest man in wissenschaftlichen Arbeiten, dass der Erdoberfläche ein mehr oder weniger reichlicher Dunst (vgl. Corbin, 1984, S. 35) entströme, dessen krank machende Wirkung mit zahlreichen Beispielen belegt wird. Noch 1786 warnen Forscher vor den Gefahren, die dem Bauern drohen, wenn er sich bückt und sich zu nahe über den Boden neigt, den er gerade bearbeitet, oder fordern gar dazu auf, die Landarbeiter daran zu hindern, mit dem Gesicht „gegen die Scholle“ zu schlafen (vgl. Corbin, S. 36).

Wissenschaftsgeschichte als Wissenschaftssatire

Selbstbetrug und Massenverführung

Die wissenschaftsgeschichtlichen Spuren dieser Aufklärungssatire sind allerdings nur ein Nebenaspekt der Episode. Entscheidender ist, dass Süskind am Beispiel des Marquis erstmals das Phänomen der Massenbeeinflussung thematisiert, das in der folgenden Romanhandlung eine Schlüsselrolle einnimmt. Was der vermeintlich aufgeklärte Wissenschaftler als Ergebnis objektiver Forschung ausgibt und was er an seinem Demonstrationsobjekt Grenouille zu belegen glaubt, ist in Wahrheit ein lächerlicher Selbstbetrug, dem er ebenso wie das „gelehrte Volk von Montpellier, der bedeutendsten Universitätsstadt des französischen Südens" (S. 204) erliegt. Im Aufstieg des Marquis zum charismatischen Heilslehrer und in der Verbreitung seiner obskuren Ideen spiegeln sich die Mechanismen moderner Verführungsstrategien. Sein Plan einer „Tournee durch das ganze Königreich" (S. 206), sein größenwahnsinniger Beschluss, von Paris aus „die ganze zivilisierte Welt für seine Lehre zu erobern" (ebd.), sein abstruser Selbstversuch einer Verjüngungsexpedition auf den Pic du Canigou „zur propagandistischen Unterstützung seines Feldzugs" (ebd.), all dies weist auch in der Wahl der sprachlichen Mittel und Bilder darauf hin, dass der gescheiterte Aufklärer und seine Anhänger nur lächerliche Vorboten eines viel gewaltigeren Scheiterns der Aufklärung in unserem Jahrhundert sind.

Der Marquis als gescheiterter Aufklärer

Betrachtet man die Experimente des Marquis aus der Perspektive seines Versuchsobjekts Grenouille, so verbirgt sich hinter dessen Verwandlung vom Höhlenmenschen zum „ganz passable[n] Mensch[en]" (S. 184), zum „Monsieur" (ebd.), zum wahrhaft „zivilisierte[n], wohlgestaltete[n] Mensch[en]" (S. 202) der parodistische Gegenentwurf zum Menschenbild der Aufklärungsphilosophie. Die „Erziehung des Menschengeschlechts", so der Titel einer Schrift des Aufklärers Lessing, verkümmert zum gesellschaftsfähigen Make-up. Ein bisschen „Entseuchungs- und Revitalisierungskur" (S. 183) und „die nötigsten Posen, Gesten und Tanzschritte" (S. 186), und schon hält die Gesellschaft Montpelliers Grenouille für einen der ihren. Die Fassade, die Äußerlichkeitsattribute, das Blendwerk treten an die Stelle des Bildungserlebnisses, das im klassischen Entwicklungsroman den Aufenthalt des Bürgers am adligen Hofe auszeichnet.

Parodie der Aufklärungsphilosophie

Parabel der Verführung

Parabel der Verführung	
	➟ Grenouilles distanziertes Erleben eines den König verherrlichenden Feuerwerks und der dadurch verführten Menschenmasse. ➟ Grenouille als selbstbewusstes Subjekt geplanter Massenverführungen am Hof des Marquis de la Taillade-Espinasse. Grenouilles Triumph nach dem erfolgreichen Mischen eines Menschendufts und sein neues Ziel, die Entwicklung zum omnipotenten Gott des Dufts. ➟ Grenouilles erste gelungene Massensuggestion beim Marquis durch eine künstlich geschaffene Duftaura. Frenetischer Jubel der anwesenden Menschenmenge. ➟ Vorbereitung von Grenouilles Hinrichtung in Grasse als Kommerz, Darstellung der Menschenmasse als mordgierig. ➟ Verwandlung der Mordlust der Menschenmasse in sexuelle Triebempfindungen und religiöses Entzücken unter dem Einfluss von Grenouilles Geruchsaura. ➟ Schilderung der Massenverführung als politische Parabel. Deutung der Struktur einer Führerpersönlichkeit durch den Psychologen Le Bon. Grenouilles Nähe zu Hitler aufgrund seiner Herkunft, seines Selbstbilds des genialen Menschen, der hochgesteckten Ziele und der an Hitler gemahnenden Formulierungen. ➟ Verdrängung der stattgefundenen Massenorgie in Grasse als Anspielung auf den Umgang der Menschen mit der Nazivergangenheit im Nachkriegsdeutschland.

Feuerwerk als Massenverführung

Mit den ersten Szenarien der Massenverführung wird Jean-Baptiste Grenouille bereits an jenem denkwürdigen, für seine weitere Entwicklung entscheidenden Tag konfrontiert, an dem ihn der Duft seines ersten Opfers, des Mädchens aus der Rue des Marais, überwältigt. Eine „vieltausendköpfige Menge“ (S. 49) hat sich an den Quais und auf den Brücken versammelt, um am Jahrestag der Thronbesteigung des Königs einem zwar nicht „legendäre[n]“, aber dennoch „beeindruckende[n]“ (ebd.) Feuerwerk zuzuschauen. So marginal die Beschreibung dieses Feuerwerks auch zu sein scheint, so eröffnet sie doch die Thematik der Verführung und lässt in ihrer Inszenierung schon die typischen Strukturen der später folgenden Massenszenen erkennen: „Sonnenräder", „Feuerstiere", „Sternenregen", „Petarden", „Knallfrösche" und in den schwarzen Himmel gemalte „weiße Lilien" (ebd.) bilden ein sinnliches Ensemble, das die Emotionen der versammelten Menschen unmittelbar anspricht und sie zu begeisterten Ovationen treibt.

Hinter diesen Eindrücken wird verdrängt, dass der Urheber des Spektakels ein eigentlich nicht mehr beliebter Monarch ist, das Szenario der Massenverführung hat sich somit verselbstständigt. Einzig der Außenseiter Grenouille, der der Suggestion der optischen und akustischen Reize nicht verfällt, kann sich der Masse entziehen und hinter ihrem Rücken, von niemandem beobachtet oder verfolgt, einen Mord begehen. Wenngleich Grenouille die bei diesem Spektakel ablaufenden massenpsychologischen Prozesse auch noch nicht durchschauen kann, so macht er hier doch zum ersten Mal die Erfahrung, wie beschränkt und wahnhaft eine emotional aufgebrachte Masse sein kann.

Szenario der Massenverführung

Die bereits früh eingeführte Thematik der Massenverführung wird mit Grenouilles Aufenthalt beim Marquis de la Taillade-Espinasse in Montpellier wieder aufgenommen und erweitert. Jetzt jedoch beschränkt sich Grenouille nicht mehr auf die Rolle des Zuschauers am Rande, er entwickelt sich vielmehr vom Objekt eines manipulativen Spiels zum selbstbewussten Subjekt massensuggestiver Inszenierungen. Mit einem weißen Rüschenhemd, mit Rock, Hose und Weste aus blauem Samt, mit Seidenstrümpfen und Schnallenschuhen ausgestattet (vgl. S. 183 ff.), erlebt er die Bedeutung der äußeren Aufmachung. Aber erst nachdem er sich einen künstlichen Menschenduft, einen „Hexensud" (S. 193) aus Geruchssubstanzen wie „Katzendreck", „Käse" und „Schweineschwarte" (S. 192), zusammengemischt hat, übernimmt er selbst das Gesetz des Handelns und erwirbt zum ersten Mal ein „Bewußtsein der eigenen Macht" (S. 198).

Mit dieser künstlichen Aura versehen begibt er sich in die Menge einer Hochzeitsgesellschaft, stimmt in ihren Jubel ein und verführt sie dazu, ihn als ihresgleichen anzunehmen. Nun erlebt Grenouille „ein[en] schwarze[n] Jubel, ein böses Triumphgefühl", einen Rausch „wie ein[en] Anfall von Geilheit" (S. 197) und beginnt die Menschenmenge in ihrer Dummheit, ihrer Leichtgläubigkeit zu hassen. Damit vollzieht sich der Übergang Grenouilles vom parfümistischen Genie zum Demagogen. Die Fantasien, die sich bisher nur in seiner inneren Welt entwickelten, erscheinen ihm angesichts der Erfahrungen des ersten Menschenduftexperiments jetzt realisierbar: „Er wollte der omnipotente Gott des Duftes sein, so wie er es in seinen Phantasien gewesen war, aber nun in der wirklichen Welt und über wirkliche Menschen." (S. 198) Waren seine früheren Schöpfervisionen vom „größten Parfumeur aller Zeiten" (S. 58) noch Selbstzweck, so erhalten sie jetzt ein Ziel. Mit der Gewissheit Grenouilles, dass „wer die Gerüche beherrschte", auch „die Herzen der Menschen" (S. 199) beherrsche, gewinnt der Roman eine neue Dimension: An die Aufklärungssatire schließt sich nun die politische Parabel der Massenverführung an. Bei der Vorführung des vom letalen Erdfluidum gereinigten „Demonstranten" (S. 202) übernimmt der Marquis nunmehr allenfalls die Rolle eines Moderators; die eigentliche Regie hat sich jetzt Grenouille vorbehalten. Zwar sichern ihm sein vornehmes Aussehen, seine „zierlichen Schritte" und sein „elegante[r] Hüftschwung" (ebd.) wohlwollende Aufmerksamkeit und Bewunderung, für die überwältigende Wirkung auf die Masse des Publikums ist jedoch seine künstlich geschaffene Duftaura verantwortlich. War er in der Menge der Hochzeitsgäste noch einer unter vielen, so beherrscht er nun die Gefühle der Menschen auf suggestive Weise. Unter dem Einfluss seiner Aura verwandelt sich die Menschenmenge, als nehme sie an einem „Wunder" (ebd.) teil: Die Männer eifern dem Vorbild des Marquis nach und schlagen „die Augen gen Himmel", die Frauen weinen (vgl. S. 203), die kritischsten Geister setzen „ein kindlich gelöstes Gesicht" (ebd.) auf, die ängstlichen Skeptiker zeigen „Anflüge von Freundlichkeit, ja Sympathie" (ebd.). In auffälliger Parallelität zur Begeisterung der Menge beim Feuerwerk, das „Ahs", „Ohs", „Bravos" und „Vivats" (S. 49) auslöste, bricht das nun von Grenouille beherrschte Publikum in „frenetischen Jubel" (S. 204) aus. Grenouilles gelungene Inszenierung einer Massenverführung wird zwar in wahnhafter Verkennung der wirklichen Ursachen noch dem Manipulator Marquis de la Taillade-Espinasse zugeschrieben, doch bezieht Grenouille aus

Grenouille als Demagoge

Massensuggestion durch Duftaura

Beifall der Menge

dieser Generalprobe das nötige Selbstvertrauen für seinen großen Auftritt in Grasse.

Wie sich hier der verhasste Mörder Grenouille mit einer theatralischen Inszenierung zum geliebten Führer der Massen wandelt, kann geradezu als Lehrstück der Massenpsychologie gelten. Bereits die Vorbereitungen der Hinrichtung entlarven die Bürger von Grasse gleichermaßen als sensationslüstern wie statusorientiert und dem Kommerz verschrieben: Tage zuvor herrscht Aufregung wie vor einem „hohen Festtag" (S. 293), ein Schafott wird errichtet und – man hat auch in der Menge noch einen Rest von Differenzierungsbedürfnis – eine Honoratiorentribüne mit Abschirmung gegen das Volk. Kommerzieller Rummel entsteht, Zimmer mit Blick auf das Schafott werden zu Wucherpreisen vermietet, fliegende Händler, Limonadenverkäufer strömen herbei, Gedenkplätzchen werden gebacken, zur Repräsentation wird bürgerlicher Putz hervorgeholt. Die herbeiströmende Menge von zehntausend Menschen trägt alle Züge dessen, was Elias Canetti in seiner Schrift „Masse und Macht" als „Hetzmasse" bezeichnet. Sie will eine Hinrichtung sehen, denn „die Konzentration aufs Töten ist eine besonderer Art und an Intensität durch keine andere zu übertreffen" (Canetti, 1980, S. 49). Viel zu groß sei die Überlegenheit der Masse, so führt Canetti weiter aus, als dass sie vor der Tötung Angst haben müsse. So sei „ein gefahrloser, erlaubter, empfohlener und mit vielen anderen geteilter Mord [...] für den weitaus größten Teil der Menschen unwiderstehlich" (Canetti, S. 50). Da eigentlich jeder, so Canetti, die tödlichen Schläge gerne selbst ausführen möchte, lastet auf dem Scharfrichter Papon, dem „Delegierten der Gesellschaft" (Canetti, S. 51), ein so ungeheurer Vollzugsdruck, dass er sich sogar zu Übungszwecken in den Schlachthof zurückzieht. Sein Auftritt im Kreise seiner Gehilfen bringt den ersten Beifall der Menge.

Hinrichtung und Kommerz

„Hetzmasse" in Grasse

Wenn Grenouille schließlich in der zweispännigen Karosse des „Polizeilieutenants" (S. 298) auf den Hinrichtungsplatz fährt, gemahnt alles an den theatralisch inszenierten Auftritt eines Herrschers: Inmitten der Menschenmassen ist eine schmale Gasse freigehalten, Reiter und livrierte Diener begleiten das Gespann, Lakaien springen ab, öffnen den Schlag und klappen das Trepp-

Auftritt des Verführers

chen herunter (vgl. S. 298 f.). Grenouille steigt aus in seiner schon in Montpellier erprobten Galakleidung und präsentiert sich der Masse. Mit der nun folgenden dreimaligen Nennung des Begriffs „Wunder" (S. 299) verknüpft Süskind die Massenszene in Grasse mit dem vorangegangenen massensuggestiven „Wunder" (S. 202) in Montpellier und übertrifft sie bei weitem: Die Menge, verführt durch Grenouilles Geruchsaura, wird schwach, empfindet Zärtlichkeit, ja Liebe „zu dem kleinen Mördermann" (S. 300), verfällt in überschwängliche Gefühle, in sexuelle Triebempfindungen ebenso wie in religiöses Entzücken. Das von der Honoratiorentribüne getrennte Volk schließlich geht über zu „nackter Begehrlichkeit" (S. 302) und verfällt in eine Massenkopulation epochalen Ausmaßes.

Triebdurchbruch im Volk

Eine ins Fantastische gesteigerte Entgrenzung des Einzelnen in der Masse, eine Befreiung des Einzelnen von seiner Berührungsangst wird geschildert, ganz wie sie Elias Canetti als Massenphänomen beschreibt. Im Idealfalle habe die Masse eine gleichmachende Funktion, so Canetti: „Keine Verschiedenheit zählt, nicht einmal die der Geschlechter. Wer immer einen bedrängt, ist das gleiche wie man selbst. Man spürt ihn, wie man sich selber spürt. Es geht dann alles plötzlich wie innerhalb eines Körpers vor sich" (Canetti, S. 10). Dass diese Schilderung einer Massenverführung alle Züge einer politischen Parabel trägt und als Anspielung auf die jüngere deutsche Zeitgeschichte gelesen werden kann, haben bereits einige der Rezensenten kurz nach Erscheinen des Romans hervorgehoben.

Politische Parabel

Die Deutung des Spektakels in Grasse als politische Parabel der Massenverführung legt schließlich Süskind selbst mit zahlreichen Textsignalen nahe. Was der französische Psychologe Gustave Le Bon 1895 in seinem auch von Hitler gelesenen Werk „Psychologie der Massen" über Führerpersönlichkeiten schreibt, trifft gleichermaßen auf Grenouille wie auf einen Mann wie Hitler zu: „Meistens sind die Führer keine Denker, sondern Männer der Tat. Sie haben wenig Scharfblick und könnten auch nicht anders sein, da der Scharfblick im allgemeinen zu Zweifel und Untätigkeit führt. Man findet sie namentlich unter den Nervösen, Reizbaren, Halbverrückten, die sich an der Grenze des Irreseins befinden.

Führerbild Le Bons

[…] Verachtung und Verfolgung stört sie nicht oder erregt sie nur noch mehr. Persönliches Interesse, Familie, alles wird geopfert. […] Die Stärke ihres Glaubens verleiht ihren Worten eine große suggestive Macht. Die Menge hört immer auf den Menschen, der über einen starken Willen verfügt. Die in der Masse vereinigten einzelnen verlieren allen Willen und wenden sich instinktiv dem zu, der ihn besitzt" (zit. nach: Beer/Naujokat, 1986, S. 11).

Grenouilles Nähe zu Hitler

Wie Hitler ist auch Grenouille von einfachster Herkunft, rankt sich auch um ihn der Mythos vom Augenblick der Berufung, ist er von seiner eigenen Genialität überzeugt und glaubt sich zum Weltveränderer geschaffen. Besonders deutlich werden diese Bezüge unmittelbar nach dem ersten Mädchenmord, wenn der Erzähler, den Gedanken Grenouilles unmittelbar folgend, in die Formulierungsweise Hitlers und seines Umkreises verfällt. Grenouilles Vorsatz, „der größte Parfumeur aller Zeiten" (S. 58) zu werden, gemahnt an die Formulierung „der größte Feldherr aller Zeiten", mit der der Oberkommandeur der Wehrmacht, Wilhelm Keitel, den gegen Frankreich siegreichen Hitler preist und die in der ironischen Abkürzung „Gröfaz" später populär wurde. Die an den „größten Parfumeur aller Zeiten" anschließenden Schilderungen verbleiben dementsprechend im Metaphernbereich des Krieges und übernehmen typische Ausdrucksklischees aus Hitlers Reden: „Noch in derselben Nacht inspizierte er, wachend erst und dann im Traum, das riesige Trümmerfeld seiner Erinnerung. Er prüfte die Millionen und Abermillionen von Duftbauklötzen und brachte sie in eine systematische Ordnung: Gutes zu Gutem, Schlechtes zu Schlechtem" (ebd.).

So wird mit Grenouilles Massensuggestion in Grasse ein Verweis auf die großen Massenverführungen im 20. Jahrhundert angelegt. Wenn das Volk von Grasse, enthemmt durch Grenouilles „angemaßte Aura", durch seine „Duftmaske" (S. 306), in einen kollektiven Sinnenrausch verfällt und sich gegen jede Sitte und Vernunft verhält, so spielt Süskind damit nicht nur auf das Scheitern der Aufklärungsideen zur Zeit Grenouilles, sondern auch in unserer Epoche an. Die Rede vom vernunftbegabten Subjekt wird in Frage gestellt.

Scheitern der Aufklärung

Kollektiver Verdrängungsprozess

Wenn sich schließlich Grenouilles künstliche Aura verzogen hat und das Subjekt der Anbetung verschwunden ist, beginnt ein kollektiver Verdrängungsprozess. Möglichst unauffällig machen sich die Bürger von Grasse davon, die beschämenden Ereignisse werden aus der Erinnerung gelöscht, Gespräche darüber vermieden. Mit der knappen Schilderung der kollektiven Verdrängungsstrategie in Grasse spielt Süskind somit recht deutlich auf die Abwehrmechanismen an, mit denen eine Bewältigung der Nazivergangenheit im Nachkriegsdeutschland umgangen wurde. Dass schnell ein Sündenbock gesucht, in der Gestalt des unschuldigen Dominique Druot gefunden und ohne weiteres Aufsehen hingerichtet wird, fügt sich bruchlos in die Strategie der Verleugnung.

Grasse und Nachkriegsdeutschland

Die Erzählweise

Das Profil des Erzählers

Das Profil des Erzählers
➞ Auktorialer, das Geschehen überblickender, historisch gebildeter Erzähler. Als Person wenig profiliert, sparsame Einmischungen ins Geschehen. ➞ Wissenschaftlich geschulter, modern denkender Erzähler. Detaillierte parfumistische Kenntnisse, stellenweise psychologische Deutungen. ➞ Kein Spiel mit Perspektiven, ironischen Brechungen, Erzählebenen. Erzähler als Zeitgenosse des Lesers.

Auktoriale Erzählsituation

In ganz traditioneller Manier kündigt der Erzähler zu Beginn des Romans seinem Leser an, wovon er zu berichten beabsichtigt. Er lokalisiert seine Geschichte zunächst im Frankreich des 18. Jahrhunderts und charakterisiert sie als Lebensgeschichte eines auch im Kontext seiner Zeit ganz außergewöhnlichen Mannes namens Jean-Baptiste Grenouille. Indem er ihn zu den „genialsten und abscheulichsten Gestalten“ (S. 5) seiner Epoche zählt, verspricht er dem Leser außergewöhnliche Ereignisse und einiges an Spannung. Wenn der Name des Helden heute vergessen sei, so fängt der Erzähler mögliche Zweifel des Lesers auf, so nicht, weil er seinen berühmteren Zeitgenossen an Abscheulichkeit nachgestanden hätte, sondern weil sein Genie sich „auf das flüchtige Reich der Gerüche“ (ebd.) bezogen habe. Ein solcher Romananfang, bei dem zwischen dem fiktiven Romangeschehen und dem Leser ein den Erzählvorgang steuernder und kommentierender Erzähler sich ins Bewusstsein ruft, deutet auf eine auktoriale Erzählsituation hin. Und schon in diesem ersten Einleitungsabschnitt verrät der Erzähler etwas über sein Profil: Er ist offensichtlich ein historisch gebildeter Mann, der Namen wie de Sade, Saint-Just, Fouché und Bonaparte beiläufig einstreut, aus zeitlicher Distanz und Übersicht heraus schreibt, über seinen Stoff souverän disponiert und, dies lassen Formulierungen wie „dieser an genialen und abscheulichen Gestalten nicht armen Epoche“ (ebd.) bereits er-

Erzählerprofil

kennen, zu pointierten Formulierungen und feiner Ironie fähig ist.

Sparsame auktoriale Eingriffe

Anders als beispielsweise bei Jean Paul oder E.T.A. Hoffmann macht der auktoriale Erzähler bei Süskind von den zahllosen Möglichkeiten, selbst eine beschreibbare Gestalt anzunehmen und sich in das Romangeschehen als konturierte Person einzumischen, nur wenig Gebrauch. Die beliebte Technik, den Leser persönlich anzureden, zu Stellungnahmen aufzufordern und damit in die Handlung einzubinden, oder eine der handelnden Figuren persönlich anzusprechen, sucht man bei Süskind fast vergebens. Lediglich an einer Stelle scheint es so, als rede der Erzähler auf seine Hauptfigur beruhigend ein: „Aber ruhig, Jean-Baptiste! Ruhig, Lieber! Man kommt ja, man bringt, was du begehrst. Schon fliegen die Diener herbei." (S. 164) Als Rede des Erzählers ist diese Textpassage jedoch nur schwach bestimmt, so dass sie auch als Selbstgespräch des in seiner Höhle fantasierenden Grenouille deutbar ist.

Intentionale Einmischungen

Intentionale Einmischungen des Erzählers, Reflexionen über die eigene Erzählweise, sind rar und meist formelhaft verkürzt. Sie vermeiden das erzählerische „ich" und weichen entweder ins Passiv aus: „Seine Geschichte soll hier erzählt werden" (S. 5), oder sie sind in der etwas betulicheren „wir"-Form gehalten: „Zu der Zeit, von der wir reden" (ebd.). Die Aufmerksamkeit des Lesers wird gelegentlich auf den Erzählvorgang gelenkt, wenn der Erzähler, dem absonderlichen Wahrnehmungs- und Ausdrucksvermögen Grenouilles Rechnung tragend, seinen Erzählstil korrigiert: „Für einen Moment war er so verwirrt, daß er tatsächlich dachte, er habe in seinem Leben noch nie etwas so Schönes gesehen wie dieses Mädchen. [...] Er meinte natürlich, er habe noch nie etwas so Schönes gerochen." (S. 54) Oder wenn der Erzähler sich hat hinreißen lassen, die Rede des eigentlich nur zu einem Stammeln fähigen Grenouille in allzu blumigen Worten wiederzugeben, misst er sich nachträglich die Rolle des Übersetzers zu: „Was wir hier der Verständlichkeit halber in ordentlicher indirekter Rede wiedergeben, war in Wirklichkeit ein halbstündiger, von vielen Hustern und Keuchern und Atemnöten unterbrochener blubbernder Wortausbruch, den Grenouille mit Gezittre und Gefuchtle und Augenrollen untermalte." (S. 188)

Ein stärkeres Profil bekommt der Erzähler allerdings dann, wenn er seinen Erzählfluss durch ausgiebig schildernde Passagen oder das Verhalten und die Befindlichkeit der Personen erklärende Reflexionen bereichert. Bereits auf der ersten Seite macht der Erzähler deutlich, dass er nicht etwa dem dumpfen Denken der beschriebenen Zeit verhaftet, sondern ein aus heutiger Sicht schreibender Zeitgenosse ist. Zur Zeit Grenouilles, so führt er aus, „herrschte in den Städten ein für uns moderne Menschen kaum vorstellbarer Gestank“ (S. 5). Auch später weist sich der Erzähler gelegentlich als ein in unserer modernen Wissenschaftswelt verhafteter Chronist aus: „Bei Substanzen, denen dieses ätherische Öl abging, war das Verfahren der Destillation natürlich völlig sinnlos. Uns heutigen Menschen, die wir physikalisch ausgebildet sind, leuchtet das sofort ein.“ (S. 129) Dieses „natürlich“ durchzieht den gesamten Roman als aus heutiger Sicht wertende Partikel und weist den Erzähler als umfassend gebildet, wissenschaftlich geschult und methodisch denkend aus. Schon zu Beginn zeigt er in breit angelegten Schilderungen sein historisches, auf Sitten und Gebräuche des Alltags bezogenes Detailwissen. In rhetorisch strukturierten Exkursen entfaltet er die Geruchstopografie von Paris, schildert die Geschichte des Cimetière des Innocents und verleiht den alten Schauplätzen eine sinnliche Präsenz, die den Leser unmittelbar ins Geschehen hineinzieht.

Erzähler aus heutiger Sicht

Historisches Einfühlungsvermögen

Mit kenntnisreichen Kommentaren und philosophischen wie psychologischen Reflexionen mischt sich der Erzähler mit Vorliebe dann ein, wenn Aspekte der Duftgewinnung oder Duftwirkung angesprochen werden oder es die Gefühle der Figuren zu kommentieren gilt. So nutzt er einen der Spannungshöhepunkte, den Moment, wo Grenouille, noch ehe es Baldini überhaupt fassen kann, das Parfum „Amor und Psyche“ zusammengemischt hat, zu einem pathetischen Exkurs: „Es gibt eine Überzeugungskraft des Duftes, die stärker ist als Worte, Augenschein, Gefühl und Wille. Die Überzeugungskraft des Duftes ist nicht abzuwehren, sie geht in uns hinein wie die Atemluft in unsere Lungen, sie erfüllt uns, füllt uns vollkommen aus, es gibt kein Mittel gegen sie.“ (S. 107 f.) Wenig später springt der Erzähler dem ziemlich naiv herumexperimentierenden Grenouille entschuldigend zur

Reflexion über Düfte

Seite, indem er seine Machenschaften aus heutiger Sicht wissenschaftsgeschichtlich einordnet: „Er wußte ja nicht, daß die Destillation nichts anderes war als ein Verfahren zur Trennung gemischter Substanzen in ihre flüchtigen und weniger flüchtigen Einzelteile und daß sie für die Parfumerie nur insofern von Nutzen war, als sie das flüchtige ätherische Öl gewisser Pflanzen von ihren duftlosen oder duftarmen Resten absondern konnte." (S. 129)

Psychologischer Kommentar

Als tiefenpsychologisch gebildet erweist sich der Erzähler, wenn er die Seelenzustände seiner Figuren kommentiert wie beispielsweise die plötzliche Beklommenheit des rothaarigen Mädchens in der Rue des Marais, während sich ihr Mörder von hinten anschleicht: „Aber sie bekam ein banges Gefühl, ein sonderbares Frösteln, wie man es bekommt, wenn einen plötzlich eine alte abgelegte Angst befällt." (S. 55 f.) Noch ungleich detaillierter analysiert der Erzähler jene Angst, die Grenouille befällt, als er seiner eigenen Geruchlosigkeit auf die Spur kommt: „Es war nicht dieselbe Angst, die er im Traum empfunden hatte, diese gräßliche Angst des An-sich-selbst-Erstickens, die es um jeden Preis abzuschütteln galt und der er hatte entfliehen können. Was er jetzt empfand, war die Angst, über sich selbst nicht Bescheid zu wissen. Sie war jener Angst entgegengesetzt. [...] Aber er war mutig. Das heißt, er bekämpfte mit der Angst, nicht zu wissen, die Angst vor dem Wissen, und es gelang ihm, weil er wußte, daß er keine Wahl hatte." (S. 175)

Der allwissende Erzähler

Dieser auktoriale Erzähler, so belegen die wenigen Beispiele, meidet das schrille Spiel mit unterschiedlichen Perspektiven und Erzählebenen, die ironische Infragestellung seiner eigenen Erzählweise oder die fiktive Kommunikation mit Figuren und Leser. Insofern ist er als Vermittler des fiktiven Geschehens nur sehr verhalten präsent. Wo er sich einmischt, angefangen mit Partikeln wie „natürlich" bis hin zu reflexiven Exkursen, profiliert er sich aber als in allen Sachfragen bewanderter, souverän über sein Wissen disponierender Zeitgenosse des Lesers. Er kann als das gelten, was man in der Erzählforschung als „allwissenden" Erzähler bezeichnet.

Die Darstellung der Innensicht

Die Darstellung der Innensicht

- Wiedergabe der Gedanken und Gefühle der Personen sowohl im eigenen Sprachduktus des Erzählers als auch in direkter Rede, erlebter Rede und im inneren Monolog.
- Wiedergabe der Gedanken und Gefühle Grenouilles aufgrund seiner retardierten sprachlichen Entwicklung meist im narrativen Stil des Erzählers. Gelegentliche Übergänge zur erlebten Rede und Annäherungen an das Bewusstsein der Hauptfigur. Typische Merkmale der erlebten Rede.
- In exponierten Situationen Wiedergabe von Grenouilles Gedanken in direkter Rede, überformt durch den Sprachstil des Erzählers.
- Bei gebildeteren Nebenfiguren wie Pater Terrier, Kaufmann Richis und Parfumeur Baldini längere Passagen in erlebter Rede mit Ansätzen zum inneren Monolog auch als Einblick in ihre historisch spezifischen Denkweisen.

Mögliche Präsentationsweisen

Seiner Allwissenheit entsprechend überschaut der auktoriale Erzähler nicht nur alle Aspekte der Handlung, kann vorausdeuten und zurückblenden, kennt alle topografischen Details der Schauplätze, die Aktionen seiner Personen, vielmehr kann er auch ins Innere der Figuren schauen, ihre Gedanken und Ziele, ihre Befürchtungen und Ängste wiedergeben. Dabei stehen ihm ganz unterschiedliche Präsentationsweisen zur Verfügung. Zum einen kann er die Innensicht aller Figuren, ihre Gedanken und Gefühle, in seiner eigenen Sprache wiedergeben, sie dabei zusammenfassen, interpretieren und einordnen. So nimmt er die Gedanken und Gefühle der jeweiligen Figur in seinen eigenen Erzählduktus auf und wahrt eine gewisse erzählerische Distanz. Zum andern kann er in Form einer direkten Rede, einer erlebten Rede oder eines inneren Monologs die Figuren selbst sprechen lassen und sie dem Leser damit in ihrer eigenen Denk- und Redeweise unmittelbar nahe bringen.

Spracharmut der Hauptfigur

Eine direkte Wiedergabe von Grenouilles Gedanken und Gefühlen in dessen eigener Ausdrucksweise stellt den Erzähler jedoch vor einige Schwierigkeiten. Denn Grenouilles retardierte sprachliche Entwicklung, seine Unfähigkeit, mit abstrakten Begriffen „ethischer und moralischer Natur“ (S. 33) umzugehen, sein außerhalb des Olfaktorischen kaum entwickeltes Denkvermögen und sein stockender Redefluss eignen sich nur wenig für eine wörtliche Vermittlung innerer sprachlicher Vorgänge. So berichtet der Erzähler über Grenouilles Gefühle und Gedanken mit Vorliebe in seiner eigenen Diktion und schafft sich damit die Möglichkeit, selbst ordnend einzugreifen. Als Beispiel sei jene Passage zitiert, in der Grenouille, nach seinem ersten Mädchenmord in einen nie gekannten Glückszustand versetzt, sich seiner neuen Erfahrungen vergewissert:

Vermittlung von Grenouilles Innenwelt durch Erzählerberichte

> In dieser Nacht erschien ihm sein Verschlag wie ein Palast und seine Bretterpritsche wie ein Himmelbett. Was Glück sei, hatte er in seinem Leben bisher nicht erfahren. Er kannte allenfalls sehr seltene Zustände von dumpfer Zufriedenheit. Jetzt aber zitterte er vor Glück und konnte vor lauter Glückseligkeit nicht schlafen. Ihm war, als würde er zum zweiten Mal geboren, nein, nicht zum zweiten, zum ersten Mal, denn bisher hatte er bloß animalisch existiert in höchst nebulöser Kenntnis seiner selbst. Mit dem heutigen Tag aber schien ihm, als wisse er endlich, wer er wirklich sei: nämlich nichts anderes als ein Genie […]. (S. 57)

Mit Wendungen wie „erschien ihm“ (Z. 1), „Ihm war“ (Z. 7) und „schien ihm“ (Z. 10) wird deutlich signalisiert, dass der Erzähler nun die innere Befindlichkeit seiner Hauptfigur zur Sprache bringt. Schon im ersten Satz wird aber durch die Vergleiche „wie ein Palast“ und „wie ein Himmelbett“ (Z. 1 f.) der narrative Duktus des Erzählers fortgeführt. Er fasst rückblickend zusammen, ergänzt die Bemerkungen über die Befindlichkeit seines Helden durch interpretierende Zusätze wie „vor lauter Glückseligkeit“ (Z. 6) und gibt seinem Gedankenbericht durch die Klimax „nein, nicht zum zweiten, zum ersten Mal“ (Z. 7 f.) auch eine rhetorische Struktur. Hier kleidet der Erzähler die Innensicht in seinen eigenen Stil, kommentiert die Gefühlsregungen seiner Hauptfigur und fasst ihre Gedanken zusammen.

Übergänge zur erlebten Rede

Um den Leser näher an die inneren Vorgänge Grenouilles heranzuführen, bedient sich Süskind aber auch häufig einer Mischung aus Erzählerbericht und erlebter Rede, wobei beide Darstellungsweisen oft kaum scharf zu trennen sind. Dies sei an einer Textpassage verdeutlicht, in der Grenouille über die Bedingungen nachdenkt, die sein Meister Baldini an die Beendigung der Lehrzeit und die Ausstellung eines Gesellenbriefs knüpft:

> Grenouille, der weder eine Ehre hatte noch an Heilige oder gar an die arme Seele seiner Mutter glaubte, schwor. Er hätte alles geschworen. Er hätte jede Bedingung Baldinis akzeptiert, denn er wollte diesen lächerlichen Gesellenbrief haben, der es ihm ermöglichte, unauffällig zu leben und unbehelligt zu reisen und Anstellung zu finden. Das andere war ihm gleichgültig. Was waren das auch schon für Bedingungen! Paris nicht mehr betreten? Wozu brauchte er Paris! Er kannte es ja bis in den letzten stinkenden Winkel, er führte es mit sich, wohin immer er ging, er besaß Paris, seit Jahren. – Keinen von Baldinis Erfolgsdüften herstellen, keine Formeln weitergeben? Als ob er nicht tausend andere erfinden könnte, ebenso gute und bessere, wenn er nur wollte! Aber er wollte ja gar nicht. Er hatte ja gar nicht vor, in Konkurrenz zu Baldini oder zu irgendeinem anderen der bürgerlichen Parfumeure zu treten. Er war nicht darauf aus, mit seiner Kunst das große Geld zu machen, nicht einmal leben wollte er von ihr, wenn's anders möglich war zu leben. Er wollte seines Innern sich entäußern, nichts anderes, seines Innern, das er für wunderbarer hielt als alles, was die äußre Welt zu bieten hatte. Und deshalb waren Baldinis Bedingungen für Grenouille keine Bedingungen. (S. 139 f.)

Eindeutig lässt sich zunächst der erste Satz dieses Abschnitts als Erzählerbericht interpretieren, denn er informiert den Leser über ein wichtiges Handlungsmoment, den erfolgten Schwur Grenouilles, und macht mit einem eingeschobenen Relativsatz das Verhalten der Hauptfigur verständlich. Einmal in den Sprachduktus des Erzählers eingestimmt, würde der Leser auch die folgenden Sätze aus der Sicht des Erzählers gesprochen deuten, wäre nicht die Formulierung „diesen lächerlichen Gesellenbrief" (Z. 4 f.) eine deutliche Irritation. Eine solche Abwertung eines Gesellenbriefs ist wohl weniger dem zeitgenössischen Erzähler als vielmehr Grenouille selbst zuzuschreiben. Somit nähert sich hier der Erzähler in seinem Sprachverhalten bereits dem Bewusstsein seiner Hauptfigur und übernimmt ihr Wertesystem, jedoch noch ohne in den Figurenton zu verfallen.

Zwischen Erzählersprache und Figurenbewusstsein

Erst in Z. 7 f. wechselt die Darbietungsweise in die erlebte Rede. Diese ist definiert als die Wiedergabe nicht ausgesprochener Gedanken und Empfindungen einer Figur in der dritten Person des Imperfekts und bedient sich häufig zur Verlebendigung der intrapersonalen Vorgänge der Frage oder des Ausrufs: „Paris nicht mehr betreten? Wozu brauchte er Paris?" (Z. 8 f.) Deutlich spürt der Leser hier, dass die Sichtweise und der Ton der betroffenen Person vorherrschen, der Erzähler sich hier weitgehend zurücknimmt. Doch weil die erlebte Rede in der dritten Person des Erzählerberichts verbleibt und sich dem Erzähltempus anpasst, sich keiner Anführungszeichen bedient und nicht durch ein Verb des Denkens oder Meinens eingeleitet wird, ist sie oft nicht immer klar auszumachen. Sicherlich beginnt mit Z. 20 eine Passage, die sich wieder deutlicher als Erzählerbericht bestimmen lässt. Die Zeilen 15–20 sind hingegen als erlebte Rede kaum noch mit Sicherheit zu bestimmen. Sie werden zwar aus dem Bewusstsein Grenouilles heraus gesprochen, lassen auch saloppe Formulierungen erkennen („wenn's anders möglich war", Z. 19 f.), verraten aber auch bereits wieder die reflexive Distanz des Erzählers.

Selbstgespräch in direkter Rede

An dramatischen Höhepunkten des Romans, wo Grenouille zu tiefgreifenden Erkenntnissen durchdringt oder weitreichende Entscheidungen fällt, greift der Erzähler auf eine ebenfalls traditionelle, dem Drama näher stehende Präsentationsform zurück und wechselt in die direkte Rede. Diese Technik des Selbstgesprächs setzt der Erzähler beispielsweise in dem Augenblick ein, wo Grenouille, bestürzt über die Erkenntnis seiner eigenen Geruchlosigkeit, einen letzten Versuch unternimmt, seinem eigenen Körpergeruch doch noch auf die Spur zu kommen:

> Trotzdem geriet er nicht in Panik, sondern sagte sich, kühl überlegend, das folgende: „Es ist nicht so, daß ich nicht rieche, denn alles riecht. Es ist vielmehr so, daß ich nicht rieche, daß ich rieche, weil ich mich seit meiner Geburt tagaus tagein gerochen habe und meine Nase daher gegen meinen eigenen Geruch abgestumpft ist. Könnte ich meinen Geruch, oder wenigstens einen Teil davon, von mir trennen und nach einer gewissen Zeit der Entwöhnung zu ihm zurückkehren, so würde ich ihn – und also mich – sehr wohl riechen können." (S. 173)

Formal weist diese Passage alle Anzeichen einer direkten Figurenrede auf: Sie ist durch die „inquit"-Formel „sagte sich" (Z. 1) mit anschließendem Doppelpunkt eingeleitet, in der ersten Person Singular des Präsens gehalten und überdies noch durch Anführungszeichen kenntlich gemacht. Dennoch spiegelt dieses Selbstgespräch in wörtlicher Rede weniger das Bewusstsein Grenouilles als vielmehr die Formulierungskunst des Erzählers wider. Der hier dem verstörten Grenouille unterstellte Gedankengang zeichnet sich durch eine logische Stringenz aus, die dem Denken der Hauptfigur immer wieder abgesprochen wird. Archaisierende Wendungen wie „es ist nicht so, daß" (Z. 2) oder „und also" (Z. 10) sowie Formulierungen, die eher der Logik folgen denn gewandten Stilmustern oder gar der Umgangssprache (vgl. Wiederholung des „riechen", Z. 3 f.), lassen eher parodistische Anklänge an den Stil idealistischer Philosophen erkennen als eine eigene Ausdrucksweise Grenouilles. Auch dort also, wo Grenouilles Subjektivität selbst zu Wort zu kommen scheint, im Selbstgespräch in direkter Rede, gibt sich die kunstvolle, ironische Formulierungsweise des Erzählers zu erkennen.

Überformung der Figurensprache durch den Erzähler

Unmittelbarere Darstellungsweisen innerer Vorgänge setzt der Erzähler besonders bei den Figuren ein, die verstärkt durch ihr intellektuelles Profil in das Romangeschehen eingebunden sind. Dies betrifft beispielsweise Pater Terrier, der sich als aufgeklärter Theologe gegen den vermeintlichen Ammenaberglauben wehrt, den vermögenden Kaufmann Richis, der sich als einzige Person in die Strategie des Mörders hineindenken kann, und schließlich den Parfumeur Baldini, der sich an alte Ordnungen klammert und gegen die Übermacht der Konkurrenz zu behaupten versucht. Als typische Repräsentanten ihrer Zeit liegt ihre Funktion geradezu darin, mit ihrer spezifischen Denkweise dem Roman eine authentische historische Grundierung zu verleihen.

Innensicht der Nebenfiguren

Hier setzt der Erzähler längere Passagen in der erlebten Rede ein, wechselt oft unmerklich in die direkte Rede des Selbstgesprächs und nähert sich deutlicher als bei Grenouille einer individuell geprägten Figurensprache. Dies zeichnet besonders jene Passage Baldinis aus, in der er das Parfum „Amor und Psyche" seines Konkurrenten Pélissier begutachtet, um es anschließend zu kopieren:

Individuell geprägte Figurensprache

Baldini stand fast ehrfürchtig auf und hielt sich das Taschentuch noch einmal unter die Nase. „Wunderbar, wunderbar …" murmelte er und schnüffelte gierig, „es hat einen heiteren Charakter, es ist lieblich, es ist wie eine Melodie, es macht direkt gute Laune … Unsinn, gute Laune!" Und er schleuderte das Tüchlein wütend auf den Tisch zurück, wandte sich ab und ging in die hinterste Ecke des Zimmers, als schäme er sich seiner Begeisterung.

Lächerlich! Sich zu solchen Elogen hinreißen zu lassen. ‚Wie eine Melodie. Heiter. Wunderbar. Gute Laune.' – Blödsinn! Kindischer Blödsinn. Eindruck des Augenblicks. Alter Fehler. Temperamentsfrage. Wahrscheinlich italienisches Erbteil. Urteile nicht, solange du riechst! Das ist die erste Regel, Baldini, alter Schafskopf! (S. 79 f.)

Nähe zur gesprochenen Sprache

Bereits das mit der dritten Zeile beginnende, durch die „inquit"-Formel „murmelte er" und die Anführungszeichen deutlich gemachte Selbstgespräch kommt insbesondere durch den zweimaligen Satzabbruch der gesprochenen Sprache schon sehr nahe. Nach dem eingeschobenen Erzählerbericht (Z. 6–9) beginnt mit „Lächerlich" (Z. 10) erneut ein Selbstgespräch, diesmal aber ohne Redeeinleitung und zunächst ohne Anführungszeichen. Hier nimmt der Leser unmittelbar teil an Baldinis Assoziationen, die in syntaktischen Bruchstücken, nicht der Logik, sondern dem Bewusstsein der Figur gehorchend, aneinander gereiht werden. Damit nähert sich der Erzähler der modernsten Präsentationsweise innerer Vorgänge, dem inneren Monolog. Von dieser Technik, innerpsychische Prozesse ganz unmittelbar darzustellen, ohne auf gedanklichen Zusammenhang und stimmige Syntax zu achten, macht Süskind nur ganz punktuell Gebrauch. Zu dem insgesamt historisierenden erzählerischen Duktus des Romans fügen sich eher die traditionelleren Präsentationsweisen innerer Vorgänge wie der Erzählerbericht, die erlebte Rede und das Selbstgespräch.

Ansatz zum inneren Monolog

Die Bewertung der Personen und des Geschehens

➟ Bipolare Charakterisierung Grenouilles: einerseits eine der genialsten Gestalten seiner Zeit, andererseits ein gottloses Scheusal. ➟ Parodistisches, ironisches Spiel mit moralischen Wertungen. Kaschieren der kriminellen Aspekte von Grenouilles Handeln durch zahllose Verweise auf seine Genialität. ➟ Erster Mädchenmord sprachlich verschleiert durch seine Wiedergabe in der Erlebnis- und Wahrnehmungsweise Grenouilles. ➟ Kritischer Umgang mit Figuren wie Madame Gaillard und Baldini. ➟ Moralische Wertungen als Spielmaterial für den Leser.	Die Bewertung der Personen und des Geschehens

Wertende Einführung des Helden

Schon der direkte, provozierende Untertitel „Die Geschichte eines Mörders" legt die Vermutung nahe, dass der Roman auch Aspekte moralischer Wertung zur Sprache bringen könnte. Und tatsächlich macht der auktoriale Erzähler schon im ersten Absatz reichlich Gebrauch von seiner Möglichkeit, Figuren wie Geschehen bewertend zu kommentieren. Gleich zu Beginn stellt er seinen Helden Grenouille mit den Adjektiven „genial" und „abscheulich" in ein bipolares Spannungsfeld. Auf der einen Seite reiht er ihn ein in die Liste jener großen Gestalten, deren Namen in den Geschichtsbüchern Erwähnung finden, und schafft sich damit eine moralische Legitimation für seine Erzählung. Auf der anderen Seite signalisiert er, noch ehe seine Hauptfigur die Welt des Romans überhaupt betreten hat, dass wir es mit einem selbstüberheblichen, menschenverachtenden, unmoralischen und gottlosen Scheusal (vgl. S. 5) zu tun bekommen. Grenouilles geniale Begabung im „flüchtige[n] Reich der Gerüche" (ebd.) macht seine „Geschichte" berichtenswert, seine finsteren Mordtaten muss der Leser als Schattenseite der Genialität in Kauf nehmen.

Bipolare Spannung

Wertungsstereotypen

Je häufiger jedoch der Erzähler den moralischen Zeigefinger erhebt, desto fragwürdiger erscheint dem Leser die Aufrichtigkeit des moralischen Urteils. Allzu oft spielt der Erzähler mit stereotypen Formulierungen, die

„Scheusal" und „schwarze Seele"

eher um der sprachlichen Pointierung und literarischen Anspielung willen, denn aus echter moralischer Entrüstung heraus gewählt sind. Der anfänglich gewählte Begriff der „abscheulichen Gestalt" und des „Scheusals" wird kurz darauf wiederholt: „Er war von Beginn an ein Scheusal. Er entschied sich für das Leben aus reinem Trotz und aus reiner Boshaftigkeit." (S. 28) Häufiger noch parodiert der Erzähler die auf die Hauptfigur in Goethes „Wilhelm Meister" (vgl. etwa 1. Buch, 9. Kapitel) bezogene Formulierung „seine reine Seele", wenn er bei Grenouille vom „Kuddelmuddel seiner schwarzen Seele" (S. 55) oder vom „Land seiner rabenschwarzen Seele" (S. 306) spricht. Umgangssprachliche, griffige Formulierungen wie „Kuddelmuddel" oder „rabenschwarz" geben ebenso wie die in ihrer Bildhaftigkeit gedrechselte Wendung „Spiralenchaos ihrer Seelen" (S. 57 f.) dem ernsten, moralisch wertenden Kontext eine leicht ironische Note. Wertungen wie „in seinem düsteren Hirn" (S. 278) oder Selbstaussagen Grenouilles, er sei „durch und durch böse" (S. 199), sind sehr unmittelbar und wenig abgestuft, oft aber auf sprachliche Effekte, auf Witz und Ironie abgestellt. Der aufmerksame Leser wird solche moralischen Bekundungen eher als ein postmodernes Spiel mit Wertungskonventionen verstehen, mit dem der Erzähler die unverrückbare Tatsache zu bewältigen versucht, dass Mord trotz aller Genialität schließlich Mord bleibt.

Wertung als ironisches Spiel

Mord als Verwirklichung von Genialität?

Über diesen Aspekt nämlich, dass Grenouilles perfekt ausgeführte Morde letztlich kriminelle, moralisch verwerfliche Handlungen bleiben, täuscht uns der Roman immer wieder äußerst gekonnt hinweg. Dies liegt zunächst einmal daran, dass Grenouilles Drang zu töten nicht dem Stillen einer Mordlust, verirrter sexueller Bedürfnisse oder persönlicher Rachegefühle, sondern der Verwirklichung hoch gesteckter, ja absoluter künstlerischer Ziele dient. „Größte[r] Parfumeur aller Zeiten" zu werden, die „Welt der Düfte zu revolutionieren" (S. 57 f.) sind Grenouilles Vorsätze, einen übermenschlichen Duft (vgl. S. 198) zu kreieren, „omnipotente[r] Gott des Duftes" (ebd.) zu werden, seine Ziele. Hinter dem Absolutheitsanspruch des Genies werden die kriminellen Aspekte von Grenouilles perfekt inszenierten Morden fast verdrängt. Dies lässt sich genauer an den Mordvorgän-

Verdrängung des Kriminellen

gen aufweisen, von denen uns der Erzähler den ersten und den letzten genauer schildert. Bei Grenouilles Begegnung mit dem ersten, Mirabellen entkernenden Mädchen in der Rue des Marais kann der Leser lediglich erahnen, dass ein Mord unmittelbar bevorsteht.

> Sie war so starr vor Schreck, als sie ihn sah, daß er viel Zeit hatte, ihr seine Hände um den Hals zu legen. Sie versuchte keinen Schrei, rührte sich nicht, tat keine abwehrende Bewegung. Er seinerseits sah sie nicht an. Ihr feines sommersprossenübersprenkeltes Gesicht, den roten Mund, die großen funkelndgrünen Augen sah er nicht, denn er hielt seine Augen fest geschlossen, während er sie würgte, und hatte nur die eine Sorge, von ihrem Duft nicht das geringste zu verlieren. Als sie tot war, legte er sie auf den Boden mitten in die Mirabellenkerne, riß ihr Kleid auf, und der Duftstrom wurde zur Flut, sie überschwemmte ihn mit ihrem Wohlgeruch. Er stürzte sein Gesicht auf ihre Haut und fuhr mit weitgeblähten Nüstern von ihrem Bauch zur Brust, zum Hals, in ihr Gesicht und durch die Haare und zurück zum Bauch, hinab an ihr Geschlecht, an ihre Schenkel, an ihre weißen Beine. Er roch sie ab vom Kopf bis an die Zehen, er sammelte die letzten Reste ihres Dufts am Kinn, im Nabel und in den Falten ihrer Armbeuge (S. 56).

Die Spannung, die von dieser ersten Mordschilderung ausgeht, wird vor allem durch die Lautlosigkeit des Geschehens und durch die poetische, aber disziplinierte Sprache verstärkt. Der eigentliche Mordvorgang vollzieht sich hinter den Zeilen. Eingeleitet wird er durch die Formulierung „ihr seine Hände um den Hals zu legen“ (Z. 2), was man zunächst noch als eine Geste der Zärtlichkeit verstehen könnte, genauer bestimmt dann durch den überraschenden, aber wie beiläufig eingeschobenen Nebensatz „während er sie würgte“ (Z. 7 f.). Zum Zeitpunkt des Mordgeschehens, der Täter hält bezeichnenderweise die Augen geschlossen, findet der Erzähler die Zeit, das „sommersprossenübersprenkelte Gesicht“ und die „funkelndgrünen Augen“ des arglosen Opfers zu erwähnen. Nichts Sensationelles zeichnet diese vordergründig geruhsame Szene aus, die Aufmerksamkeit des Erzählers folgt der des Helden, sie richtet

Mord „hinter den Zeilen“

Duftkonservierung als vorrangiges Ziel

sich auf den Vorgang der Duftkonservierung. Dementsprechend wird der Prozess des „Abriechens“ mit äußerster Genauigkeit, fast wie eine Choreografie beschrieben. Nachdem mit der Formulierung „riß ihr Kleid auf“ (Z. 11) zunächst wieder sexuelle Assoziationen geweckt werden, zeichnet der Erzähler in sorgfältiger Aufzählung die Linien nach, die Grenouilles Nase auf dem Körper seines leblosen Opfers beschreibt. Somit folgt der Erzähler in seinem Duktus der Wahrnehmungs- und Erlebnisweise der Hauptfigur; was Grenouille nicht wahrhaben will, lässt auch der Erzähler am Rand des Geschehens.

Beschreibung aus der Sicht des Täters

Auch bei der ebenfalls ausführlichen Darstellung des letzten Mordes an Laure Richis enthält sich der Erzähler jeglicher Bewertung der Geschehnisse, fühlt sich in die Empfindungsweise des Täters ein und beschreibt dessen inzwischen professionalisiertes Verhalten mit auffallender Akribie (vgl. S. 275 f.).

Kritische Grundhaltung

Dass der Erzähler ansonsten eine grundsätzlich kritische Beziehung zu seinen Figuren und zum Geschehen entwickelt, gibt er immer wieder deutlich zu erkennen. Äußerst unfreundlich geht er beispielsweise mit Madame Gaillard um, die er als „Mumie eines Mädchens“ (S. 25), weil „innerlich […] längst tot“ (ebd.), bezeichnet; bei Baldini spricht er von „seinem dummen alten Kopf“ (S. 144); Grenouilles Kost auf dem Plomb du Cantal bezeichnet er in salopper Formulierung als „nach bürgerlichen Maßstäben völlig indiskutable Ernährungsweise“ (S. 155), das Bacchanal auf dem Richtplatz von Grasse kommentiert er mit dem lakonischen Satz: „Es war infernalisch.“ (S. 304)

Wertung als Spielangebot an den Leser

Doch all diese Wertungen sind eher ein ästhetisches Spielangebot an den Leser als aus einer wirklichen moralischen Betroffenheit heraus vorgebracht. Eine auffallend große Sorgfalt verwendet der Erzähler darauf, den Leser mit sprachlich suggestiv gestalteten Schilderungen von Grenouilles olfaktorischer Genialität und handwerklicher Perfektion in den Bann des Geschehens zu ziehen. Ihn mit moralischen Wertungen vom Genuss der ästhetischen Fiktion abzulenken, ist nicht seine Intention.

Mischung der Sprachstile

→ Verführerischer, suggestiver, facettenreicher Stil. Lyrische Effekte durch Ausgewogenheit und Rhythmisierung der Sprache. Wiedergabe von Geruchseindrücken, verführerischen wie ekelerregenden Düften durch Häufung von Details, lautlichen Strukturierungen. → Dynamisierung des Stils durch Wortreihungen, durch Klimax und Antiklimax, bewusste Überzeichnungen, superlativische Wendungen. Dramatisierung durch Verweise auf die Einmaligkeit des Geschehens, durch ironisch gebrochene Gegenüberstellung sich widersprechender Eindrücke. → Mischung unterschiedlicher Stilebenen: historisierende, biblische Wendungen, klassische und romantische Anklänge. → Intensiver Gebrauch von Fachtermini der Duftgewinnung, ironische Effekte durch Fremdworthäufungen, ausgefallene Vergleiche und Metaphern. Balancieren zwischen lyrischem Pathos und Ironie.	Mischung der Sprachstile

Suggestion der Sprache

Von wenigen Ausnahmen und einzelnen Einschränkungen abgesehen, loben die Rezensionen nach Erscheinen des Romans dessen stilistische Qualitäten. Sicherlich hat gerade diese verführerische Wirkung von Süskinds Stil mit dazu beigetragen, dem Roman wie kaum einem anderen eine ungewöhnlich breite Leserresonanz zu verschaffen. Hinter der suggestiven Kraft der Sprache, die den Leser geradezu in den Roman hineinzieht, steckt ein ganzes Arsenal stilistischer Techniken, die einerseits auf sprachlichen Wohlklang, auf Intensität und Eindringlichkeit, andererseits aber auch auf dauernd präsente ironische Brechung und Entmystifizierung abzielen.

Rhythmisierungen und lautliche Korrespondenzen

Unter lautlichen Aspekten zeichnet sich die Sprache des Romans schon in den ersten Abschnitten durch Ausgewogenheit, Gleichmaß und lyrische Effekte aus. Wenn die einleitenden Sätze mit der Bemerkung schließen, Grenouilles Genie beschränke sich ausschließlich auf jenes Gebiet, das in der Geschichte keine Spuren hinterlasse, „auf das flüchtige Reich der Gerüche“ (S. 5), so wird dieser abschließende Satz zum einen durch seinen regelmäßigen Rhythmus (∪∪/∪∪/∪∪/∪), zum andern durch die auffallende Dominanz des Konsonants -ch-

hervorgehoben. Eine deutliche rhythmische Gestaltung weist auch die anschließende Beschreibung der Pariser Dufttopografie im 18. Jahrhundert auf:

> Es stanken die Straßen nach Mist, es stanken die Hinterhöfe nach Urin, es stanken die Treppenhäuser nach fauligem Holz und nach Rattendreck, die Küchen nach verdorbenem Kohl und Hammelfett; die ungelüfteten Stuben stanken nach muffigem Staub, die Schlafzimmer nach fettigen Laken, nach feuchten Federbetten und nach dem stechend süßen Duft der Nachttöpfe. Aus den Kaminen stank der Schwefel, aus den Gerbereien stanken die ätzenden Laugen, aus den Schlachthöfen stank das geronnene Blut. (S. 5 f.)

Rhetorik der Geruchsbeschreibung

Auffallend ist zunächst auf lautlicher Ebene die rhythmische Gestaltung dieser Passage, besonders offensichtlich in dem Satzanfang „Es **st**anken die **Str**aßen nach Mist“ (∪/∪∪/∪∪/) und am Ende des zweiten Satzes „aus den **Schl**achthöfen **st**ank das geronnene Blut“ (∪∪/∪∪/∪∪/∪∪/). In beiden Satzteilen sorgt darüber hinaus die Alliteration „**st**anken“ – „**Str**aßen“ beziehungsweise „**Schl**achthöfen“ – „**st**ank“ für weitere klangliche Korrespondenzen. Wie häufig in diesem Roman zeichnet sich die Syntax durch Parallelismen, durch die mehrfache Wiederholung des gleichen Satzbaumusters aus, wobei die beständige Wiederholung des Verbs „stinken“ in mehreren Flexionsstufen der Eindringlichkeit der Aussage, sein überraschendes Fehlen der Dynamisierung des Stils dient.

Aufzählung von Details

Schließlich verdankt die Textpassage ihre suggestive Wirkung einem von Süskind ebenfalls auffallend häufig eingesetzten Stilmittel: dem der Accumulatio, der aufzählenden Häufung einzelner Details zum selben Sachgebiet. So entsteht durch die unter dem Aspekt lebendigen Stils eher monoton erscheinende Reihung unterschiedlichster Geruchsquellen und ihrer Nuancierung ein intensiver, nachhaltiger, durch die lautliche Strukturierung verstärkter Eindruck von der Geruchslandschaft in Paris. Mit Vorliebe bei der Beschreibung von Düften sowie von allen mit ihrer Herstellung und Wirkung verbundenen Handlungen bedient sich Süskind der Accumulatio oder auch einfach nur der Enumeratio, der kommentarlosen Aufzählung. Grenouilles olfaktorischer Lernprozess wird in dieser Weise weit ausholend beschrieben, wenn er nicht mehr nur „Holz“ riecht, sondern „Holzsorten, Ahornholz, Eichenholz, Kiefernholz, Ulmenholz, Birnbaumholz, altes, junges, morsches, modriges, moosiges Holz, ja sogar einzelne Holzscheite, Holzsplitter und Holzbrösel“ (S.33). Seine Verrichtungen beim Gerber Grimal werden in ihrer Widerwärtigkeit schier lückenlos aufgezählt: Er „entfleischte die bestialisch stinkenden Häute, wässerte, enthaarte, kälkte, ätzte, walkte sie, strich sie mit Beizkot ein, spaltete Holz, entrindete Birken und Eiben, stieg hinab in die von beißendem Dunst erfüllten Lohgruben, schichtete, wie es ihm die Gesellen befahlen, Häute und Rinden übereinander, streute zerquetschte Galläpfel aus, überdeckte den entsetzlichen Scheiterhaufen mit Eibenzweigen und Erde.“ (S.41). Mit einer Aufzählung von einer ganzen Seite wird vor dem Leser das außergewöhnlich breite, mit exotischen Raritäten angefüllte Warenangebot Baldinis aufgefächert (vgl. S.60f.), die Ausschweifungen der Bürger von Grasse auf dem Hinrichtungsplatz führen geradezu zu stilistischen Orgien geballter Worthäufungen (vgl. S.301ff.).

Anhäufung von Ekelhaftem

Dienen die unterschiedlichen Formen der Accumulatio dazu, den Leser mit Wortkaskaden zu überschütten und so das Ekelerregende wie auch das sinnlich Verführerische der Düfte, Gerüche und damit verbundenen Handreichungen unmittelbar zu vergegenwärtigen, so zielen die ebenso häufig eingesetzten Formen der Steigerung auf eine Dynamisierung des Geschehens. Oft geben sich die Wortreihungen als Steigerung, als Klimax, zu erkennen, beispielsweise wenn Grenouille sich als „den Großen, den Einzigen, den Herrlichen Grenouille“ (S.162) bezeichnet oder wenn Baldini sich dazu bekennt, er hätte den kranken Grenouille „erwürgen mögen, erschlagen hätte er ihn mögen, herausgeprügelt [...] hätte er am liebsten die kostbaren Geheimnisse“ (S.135).

Dynamisierung durch Klimax

Dem steht als formal verwandtes Gegenstück nicht weniger häufig die Antiklimax entgegen, mit der dem Leser ein dynamischer Eindruck von der Flüchtigkeit, der Winzigkeit, der Gründlichkeit der Empfindung vermittelt wird, so als müsse sich der Erzähler an die Eindrücke selbst erst heranarbeiten: „Er war schon im Begriff,

Antiklimax

die langweilige Veranstaltung zu verlassen, um an der Galerie des Louvre entlang heimwärts zu gehen", so heißt es von Grenouille am Abend des großen Feuerwerks, „als ihm der Wind etwas zutrug, etwas Winziges, kaum Merkliches, ein Bröselchen, ein Duftatom, nein, noch weniger: eher die Ahnung eines Dufts als einen tatsächlichen Duft" (S. 50). Ebenso eindringlich wird Grenouilles Verlangen nach diesem Duft beschrieben: „Bis in die kleinste Einzelheit, bis in die letzte zarteste Verästelung mußte er ihn kennenlernen" (S. 55).

Überzeichnung durch Superlative

Ebenfalls auf die Steigerung des Ausdrucks und damit auf die Affekte des Lesers zielt die Hyperbel, die bewusste Überzeichnung, die Süskind besonders in allen Formen superlativischen Sprechens einsetzt. Mit solchen superlativischen Wendungen werden, ganz ähnlich wie im Märchen, besonders markante Eigenschaften oder Lebensabschnitte des Helden hervorgehoben. Schon zu Beginn des Romans wurde Grenouille den „genialsten und abscheulichsten Gestalten" (S. 5) seiner Epoche zugerechnet, geboren wird er „am allerstinkendsten Ort des gesamten Königreichs" (S. 7), mit Paris steht ihm „das größte Geruchsrevier der Welt" (S. 43) offen, „der größte Parfumeur aller Zeiten" (S. 58) möchte er einmal werden. Der Plomb du Cantal ist für Grenouille der „Magnetpol der größtmöglichen Einsamkeit" (S. 152) oder „der menschenfernste Punkt des ganzen Königreichs" (S. 152), der Marquis bringt ihn natürlich zum „besten Parfumeur der Stadt" (S. 189). In Grasse sammelt Grenouille die „Essenzen für das beste Parfum der Welt" (S. 268), und während auf dem Marktplatz das „größte Bacchanal" stattfindet, „das die Welt seit dem zweiten vorchristlichen Jahrhundert gesehen hatte" (S. 303), erlebt der Held „den größten Triumph seines Lebens" (S. 305).

Erst- und Einmaligkeit der Ereignisse

Der emotionalen Aufwertung und damit Dramatisierung der Ereignisse dient auch Süskinds Technik, Situationen, Empfindungen und Handlungen in ihrer Erstmaligkeit oder Einmaligkeit hervorzuheben. Damit wird der Leser nicht Zeuge irgendeiner Begebenheit, sondern eines emotionalen Höhepunkts im Leben des Helden. Als Grenouille bei Baldini die Methode der Destillation kennen lernt, ist nicht nur von seiner Begeisterung die Rede, sondern es heißt: „Wenn je etwas im Leben Begeisterung in ihm entfacht hatte […], dann war es dieses Verfahren“ (S. 125). Auf dem Plomb du Cantal kann Grenouille „zum ersten Mal […] fast frei atmen“ (S. 147), fühlt sich als „der einzige Mensch auf der Welt“ (S. 154), steigt zum „ersten Mal seit sieben Jahren“ (S. 173) wieder auf dessen Gipfel. In Montpellier verbreitet Grenouille „zum ersten Mal in seinem Leben“ (S. 194) einen menschlichen Geruch und von Laure Richis verspricht er sich ein Parfum, „wie es die Welt noch nicht gerochen hatte“ (S. 217). „Er wollte sich ein Mal im Leben entäußern“, wird von Grenouille während des Bacchanals gesagt: „Er wollte ein Mal, nur ein einziges Mal, in seiner wahren Existenz zur Kenntnis genommen werden“ (S. 306), er bleibt jedoch „der einzige“, der sein Parfum „jemals in seiner wirklichen Schönheit erkannt hat“ (S. 316). Welche Bedeutsamkeit diesem Stilzug zukommt, die Ereignisse in äußerste Singularität zu rücken, zeigt sich mit dem Schlusssatz des Romans, wenn nach dem Akt des Kannibalismus über die Motive der „Desperados“ verraten wird: „Sie hatten zum ersten Mal etwas aus Liebe getan.“ (S. 320)

In dieser Reihe der auffallend häufig benutzten Stilfiguren wie der Accumulatio, der Klimax und der Hyperbel ist auch die Antithese zu nennen, die Gegenüberstellung sich widersprechender Begriffe und Vorstellungen. Da, wie der Erzähler in einem reflektierenden Einschub geltend macht, die Sprache „nicht zur Beschreibung der riechbaren Welt“ (S. 160) taugt, muss er zur Verdeutlichung ungewöhnlicher Geruchsnuancen auch auf besondere stilistische Mittel zurückgreifen. So stoßen wir gerade bei Duftbeschreibungen immer wieder auf antithetische Fügungen: Baldini bezeichnet in einer erlebten Rede das Parfum seines Konkurrenten Pélissier als „ekelhaft gut“ (S. 79), um es dann im Spannungsfeld gegensätzlicher Charakterisierungen näher zu beschreiben.

Antithetische Fügungen

Grenouille nimmt den ersten Dufthauch Laure Richis’ als „etwas mörderisch Gutes“ (S. 214) wahr, als „haarsträubend himmlisch“ (S. 217). Diese Formulierungen sind in ihrem antithetischen Charakter bereits so pointiert, anspielungsreich, durch Alliteration überzogen, dass leicht ironische Untertöne mitklingen. Dieses ironisch grundierte Spiel mit antithetischen Fügungen

Ironische Grundierung

wird da besonders deutlich, wo der Duft des Mädchens aus der Rue des Marais beschrieben wird.

> Dieser Geruch hatte Frische; aber nicht die Frische der Limetten oder Pomeranzen, nicht die Frische von Myrrhe oder Zimtblatt oder Krauseminze oder Birken oder Kampfer oder Kiefernnadeln, nicht von Mairegen oder Frostwind oder von Quellwasser ..., und er hatte zugleich Wärme; aber nicht wie Bergamotte, Zypresse oder Moschus, nicht wie Jasmin und Narzisse, nicht wie Rosenholz und nicht wie Iris ... Dieser Geruch war eine Mischung aus beidem, aus Flüchtigem und Schwerem, keine Mischung davon, eine Einheit, und dazu gering und schwach und dennoch solid und tragend, wie ein Stück dünner schillernder Seide ... und auch wieder nicht wie Seide, sondern wie honigsüße Milch, in der sich Biskuit löst – was ja nun beim besten Willen nicht zusammenging: Milch und Seide! Unbegreiflich dieser Durft, unbeschreiblich, in keiner Weise einzuordnen, es durfte ihn eigentlich gar nicht geben. Und doch war er da in herrlichster Selbstverständlichkeit. (S. 52)

Reihung von Vergleichen

Mit der Gegenüberstellung der beiden Begriffe „Frische“ (Z. 1) und „Wärme“ (Z. 6) beginnt eine antithetische Fügung, die sich als Klimax durch den gesamten Textauszug zieht und in der zugespitzten Formulierung gipfelt: „es durfte ihn eigentlich gar nicht geben. Und doch war er da“ (Z. 16 ff.). Gleichzeitig wird mit dem Zusatz „aber nicht die Frische der Limetten“ (Z. 1 f.) eine lange Kette von Vergleichen begonnen, die allesamt als nicht zutreffend bezeichnet werden. Durch die Enumeratio, die mit „oder“ beziehungsweise „nicht wie“ verbundene Aufzählung klangvoller Duftsubstanzen, entsteht jedoch ein Bezugsfeld, das dem Leser auf suggestive Weise eine ganze olfaktorische Welt erschließt. Der eigentliche Duft, der Geruch des Mädchens aus der Rue des Marais, wird vor der Folie der aufgezählten Duftstoffe umso wertvoller und unfasslicher.

Ironische Brechung

Gegen Ende dieser Klimax vollzieht der Erzähler schließlich eine ironische Wendung: Ausgehend von der Zusammenfügung „Milch und Seide“ (Z. 15) macht er nun selbst auf die Widersprüchlichkeit seiner Beschreibung aufmerksam und gibt zu verstehen, dass sich ein solcher Duft allen Beschreibungsmöglichkeiten entzieht. Mit dieser ironischen Brechung nimmt der Erzähler den Vorgang des Beschreibens in die Beschreibung selbst mit hinein und schafft damit wieder Distanz zum Geschehen.

Mischung der Stilebenen

Die suggestive Wirkung, die Süskinds Sprache auf den Leser ausübt, entsteht aber nicht nur durch deren rhythmische und lautliche Qualitäten, durch die klare rhetorische Gestaltung mit Figuren der Häufung, der Klimax und Antithese, sie beruht vielmehr auch auf der unkonventionellen, ironisch gebrochenen Mischung unterschiedlicher Stilebenen. Zunächst wird mit dem Anfang des Romans im Stile Kleists ein historisierender, mit altertümlichen Formeln erzählender Ton angeschlagen.

Historisierender Stil

Dieser historisierende Ton, oft sogar mit biblischen Wendungen durchsetzt, zieht sich durch den gesamten Roman, hebt einzelne erzählerische Einschnitte und Schlüsselstellen hervor oder leitet neue Erzählsequenzen ein. „Und abermals nahm er einen tiefen Atemzug vom warmen Dunst, den die Amme verströmte" (S. 13), heißt es von Pater Terrier. Grenouilles Erlernen des parfümistischen Handwerks wird mit der Wendung eingeleitet: „Und so ließ er sich denn willig unterweisen in der Kunst des Seifenkochens aus Schweinefett" (S. 122). Das an biblische Satzmuster gemahnende „Und" am Satzanfang fungiert als beliebte Ein- und Überleitung, so beispielsweise nach der kurzen Begegnung Richis' mit Grenouille im Stall von La Napoule: „Und so hatten sich beide bei ihrer kurzen Begegnung gegenseitig von ihrer Arglosigkeit überzeugt" (S. 272).

Stilistische Muster aus der Klassik und Romantik

An anderen Stellen scheinen stilistische Muster der Klassik und Romantik durch: Einen Satz aus Goethes „Wilhelm Meister" meint man zu lesen, wenn Grenouille über sein Schicksal nachdenkt: „Ja, es schien ihm, wenn er so zurückdachte, daß er ein vom Glück besonders begünstigter Mensch sei und daß sein Schicksal ihn auf zwar verschlungenen, doch letzten Endes richtigen Wegen geführt habe" (S. 278); wenige Seiten später wird man in die Welt Eichendorffs versetzt: „Als er dann aufstand und das Fenster weit öffnete und draußen das schöne Wetter gewahrte und die frische würzige Morgenluft einsog und die Brandung des Meeres hörte, da kannte seine gute Laune keine Grenzen mehr, und er spitzte die Lippen und pfiff eine muntere Melodie."

(S. 281) Historisierende Sprachformen, Stilmuster des 18. Jahrhunderts, der Klassik wie Romantik geben dem Roman einen scheinbar konventionellen Grundduktus, der sich allerdings bei genauerem Hinsehen als ironisches Spiel darstellt.

Umgangssprachliche Formulierungen

Häufig nämlich werden die historisierenden Stilmuster durch Kombination mit umgangssprachlichen Ausdrücken und Wendungen, sprachlichen Manierismen, kühnen Metaphern und Vergleichen in ihrer Ernsthaftigkeit in Frage gestellt. Grenouille wünscht, sich am Geruch des Meeres „besaufen" (S. 46) zu können, Baldini „glotzte" (S. 111) nach Grenouilles erster Duftprobe in die Nacht, geht „schnurstracks" (S. 112) zu Grimal, dieser schwimmt auf der Seine „alle viere von sich gestreckt" (S. 114). Baldini fürchtet, seine Pläne seien „vermasselt" (S. 134), der Kopf von Insekten wird „abgeknipst" (S. 155), von „Brut" (S. 163) und „Suff" (S. 167), von „kirre machen" (vgl. S. 190) ist die Rede, Grenouille bekommt sein seidenes Hemd in Montpellier „verpaßt" (S. 183). Anstößig sind solche Ausdrücke sicherlich nicht, wohl aber fügen sie sich ganz und gar nicht in einen historisierenden Sprachkontext. Dass aber hinter diesen stilistischen Brüchen die Strategie steht, Heterogenes miteinander zu verknüpfen, wird bei der genaueren Analyse der unzähligen sprachlichen Manierismen deutlich.

Fachsprache der Parfumerie

Noch am wenigsten auffällig ist der exzessive Gebrauch von Fachtermini der Duftgewinnung und Parfumherstellung, da der Leser schließlich in die berufliche wie persönliche Welt Grenouilles eingeführt werden muss. Hier ist von „enfleurage" (S. 137) die Rede, von „Mazeration", „Absorption" (S. 222), von „Lavage" (S. 224), „Filtrage" (S. 224), von „direkte[m] Digerieren" (S. 233), von „Essence Absolue" (S. 224), „Huile Antique de Tubéreuse" (S. 228), vom „Alambic" (S. 224) oder „Maurenkopfalambic" (S. 123) und dem „Pistill" (S. 116). Den Aufzählungen dieser Techniken und Instrumente in Satzteilen wie: „kostbarste Essenzen, die Grenouille im vergangenen Jahr durch kalte Fettenfleurage der Körper, Digerieren von Haaren und Kleidern, Lavage und Destillation gewonnen hatte" (S. 267) kommt bereits eine, wenn auch makabre, so doch poetische Wirkung zu.

Entlehnte Begriffe

Stärkere ironische Signale gehen jedoch von den manchmal manieriert gehäuften, aus dem Griechischen, Lateinischen und insbesondere Französischen entnommenen Wörtern und Redewendungen aus. So erträumt sich Baldini eine „veritable kleine Manufaktur" (S. 131), fürchtet, er „exploitiere" (S. 142) Grenouille. An Madame Gaillards Hände erinnert Grenouille „das ledrig verdorrte Odeur" (S. 158), von einem „eruptive[n] Akt der Extinktion" (S. 159) wird gesprochen, Grenouille ist begeistert von einer „Trouvaille" (S. 180). Preziöse Fremdworthäufungen finden sich ganz besonders oft bei Geruchs- und Duftbeschreibungen: Attribute wie „sublim" (vgl. S. 119), „unvirulent" (vgl. S. 193), „ephemer" (vgl. S. 245), „exquisit" (vgl. S. 227), „fragil" (vgl. S. 227) sind nur noch durch den „infinitesimalen" Geruch einer Steinpomade (vgl. S. 235) zu übertreffen. Gelegentlich sind Füllworte wie „justament" (S. 227) oder „partout" (S. 236) aus dem Französischen übernommen, lateinische Gelehrtenfloskeln wie „cum grano salis" (S. 228) und „mutatis mutandis" (S. 260) werden durch den Zusatz „freilich" oder „versteht sich" ihrer akademischen Würde beraubt.

Vergleiche und Metaphern

Schließlich sorgen auch die intensiv eingesetzten, oft ausgefallenen Vergleiche, Metaphern und Wortneubildungen dafür, dass der Stil witzig, spielerisch leicht und ironisch wirkt. So wird, auf Grenouille bezogen, von der „synthetisierenden Geruchsküche seiner Phantasie" (S. 48) gesprochen, die ausgefallene Metapher „Kuddelmuddel seiner schwarzen Seele" (S. 55) erfährt wenig später mit der Formulierung „ein gerades Geleis ins Spiralenchaos ihrer Seelen" (S. 57 f.) noch eine Steigerung. Auch hier ist gerade bei der Beschreibung von Duftprodukten und Düften sowie weiblicher Schönheit die Grenze zwischen poetischem Ernst und Ironie kaum auszumachen. Wenn beispielsweise von Laures Körperduft gesagt wird: „Was noch vor einem Jahr sich zart versprenkelt und vertröpfelt hatte, war nun gleichsam legiert zu einem leicht pastosen Duftfluß, der in tausend Farben schillerte" (S. 241), so balanciert dieser Vergleich zwischen lyrischem Pathos und Ironie.

Balance zwischen Ernst und Ironie

Süskinds Stil lässt sich somit nur beschreiben als eine Mischung unterschiedlicher Stilebenen. Der Geschichtlichkeit des Stoffes entsprechenden historisierenden Passagen stehen Wendungen aktueller Umgangssprache gegenüber. Saloppe Formulierungen wie „Schwall de-

Fetisch des „Kreierens"

taillierter Dummheit" (S. 17) und „blubbernder Wortausbruch" (S. 188), Wortneuschöpfungen wie „Ausderreihetanzer" und „Duftinflationär" (S. 69) fügen sich in diesen Stil ebenso ein wie die satirische Behandlung des Fetischs Kreativität: Nicht nur werden Duftkompositionen unaufhörlich „kreiert", nicht selten sind auch mit der Beschreibung der Düfte ironische Brücken zu Wendungen heutiger Werbesprache, zur Suche nach ausgefallenen, geschraubten Attributen und Vergleichen geschlagen. Oft stoßen ernste und witzige, pathetische und ungezwungene, lyrische und makabre Passagen unmittelbar aneinander. In den Kontext der Gegenwartsliteratur einzuordnen ist diese Stilmischung nur vor dem Hintergrund der Diskussion um die so genannte Postmoderne.

Postmoderne und Intertextualität

Postmoderne und Intertextualität

- Postmoderne Schreibweisen als Abkehr von den avantgardistischen Experimenten der Moderne. Literatur für breite Leserschichten, auf Spannung bedacht. Historische Stoffe, kriminalistische, detektivische Handlung.
- Ironisches Spiel mit Textentlehnungen, Intertextualität als Dialog mit der literarischen Tradition.
- Kleists Novelle Michael Kohlhaas als historischer Bezugstext zu Beginn des Romans. Aufspüren von Motiventsprechungen und thematischen Parallelen als Angebot an den Leser. Kohlhaas als literarischer Ahnherr Grenouilles.
- Häufung von intertextuellen Bezügen während Grenouilles Aufenthalt in der Höhle des Plomb du Cantal: Von der Bibel bis zum Schlager. Integration in den gedanklichen wie sprachlichen Duktus des Romans.
- Entstehung vielfältiger Bezüge, Erschließung neuer Dimensionen und Facetten. In der Rezeption des Romans Bewunderung wie auch kritische Stimmen. Umberto Eco über postmoderne Schreibstrategien. Begriff der Mehrfachkodierung eines Textes.

Abkehr von der Moderne

Der Entwicklung postmoderner Schreibweisen in den 1980er-Jahren liegt die Erkenntnis zugrunde, dass sich die ästhetischen Innovationsmöglichkeiten der literarischen Moderne erschöpft haben. Während Stilrichtungen wie Expressionismus und Dadaismus, Romanautoren wie Proust, Joyce und Döblin noch neue literarische Ausdrucksformen entwickelten, die dem Leser das Erlebnis des Noch-nie-Erfahrenen vermittelten, verbreitete sich seit Ende der 1960er-Jahre zunehmend die Einsicht, auf dem Feld der ästhetischen Innovationen nichts mehr bestellen zu können. Diese Abkehr von den ästhetischen Gestaltungsprinzipien der Moderne wird auch durch die Erkenntnis verstärkt, dass die zurückliegenden Experimente der Moderne oft nur ästhetisch bewanderte, gebildete Kenner erreichten. Unter dem Einfluss insbesondere der amerikanischen Postmoderne-Diskussion setzte sich in der Bundesrepublik die Tendenz durch, nicht mehr nur für elitäre Leserschichten, sondern auch für ein breiteres Massenpublikum zu schreiben.

Schreiben für breitere Leserschichten

Mit der Abkehr von der Moderne, dem Verzicht auf avantgardistische Experimente, geht gleichzeitig eine Popularisierung der ästhetischen Ausdrucksmittel einher. Die Autoren der Postmoderne greifen zunehmend auf traditionelle Erzählformen zurück, entwickeln kunstvoll aufgebaute, auf Spannung bedachte Geschichten, die auch den literarisch weniger ambitionierten Leser in den Bann schlagen. Häufig gehen sie, und hier ist Umberto Ecos Roman „Der Name der Rose“ seit 1980 ein stilbildendes Beispiel, auf einen Stoff der Historie zurück, der einerseits vergessenes Wissen entfaltet, andererseits aber durch eine kriminalistisch oder detektivisch geprägte Handlung den Leser in Atem hält. Da eine solche Wiederaufnahme traditioneller Erzählformen aber nicht unwissend, nicht naiv geschehen kann, bedienen sich die Autoren aller Formen der Ironie und der Parodie. Der Griff in die große Kiste erzählerischer Traditionen wird nicht vertuscht, geschieht auch nicht stillschweigend, sondern wird auf weiteren Ebenen des Textes durch Anspielungen und Verweise, Zitate und modifizierte Textentlehnungen kenntlich gemacht. Es entsteht ein so genannter Intertext, ein Zusammenspiel unterschiedlichster Texte, durch die der Roman in einen Dialog mit der literarischen Tradition eintritt.

Popularisierung der Ausdrucksmittel

Postmoderne Ironie und Intertextualität

Eine erste Textfolie hat Süskind bereits dem Romananfang hinterlegt: den Beginn von Heinrich von Kleists Novelle „Michael Kohlhaas“. In dem folgenden Vergleich der beiden Erzählanfänge lässt sich deutlich erkennen, wie Süskind den historischen Bezugstext in seine eigene Erzählstrategie einbezieht.

„Michael Kohlhaas“ als Textvorlage

An den Ufern der Havel lebte, um die Mitte des sechzehnten Jahrhunderts, ein Roßhändler, Namens Michael Kohlhaas, Sohn eines Schulmeisters, einer der rechtschaffensten zugleich und entsetzlichsten Menschen seiner Zeit. – Dieser außerordentliche Mann würde, bis in sein dreißigstes Jahr für das Muster eines guten Staats-	Im achtzehnten Jahrhundert lebte in Frankreich ein Mann, der zu den genialsten und abscheulichsten Gestalten dieser an genialen und abscheulichen Gestalten nicht armen Epoche gehörte. Seine Geschichte soll hier erzählt werden. Er hieß Jean-Baptiste Grenouille, und wenn sein Name im Gegensatz zu den Namen anderer ge-

bürgers haben gelten können. Er besaß in einem Dorfe, das noch von ihm den Namen führt, einen Meierhof, auf welchem er sich durch sein Gewerbe ruhig ernährte; die Kinder, die ihm sein Weib schenkte, erzog er, in der Furcht Gottes, zur Arbeitsamkeit und Treue; nicht Einer war unter seinen Nachbarn, der sich nicht seiner Wohlthätigkeit, oder seiner Gerechtigkeit erfreut hätte; kurz, die Welt würde sein Andenken haben segnen müssen, wenn er in einer Tugend nicht ausgeschweift hätte. Das Rechtgefühl aber machte ihn zum Räuber und Mörder. (Kleist, »Michael Kohlhaas«, 1990, S. 63 f.)

nialer Scheusale, wie etwa de Sades, Saint-Justs, Fouchés, Bonapartes usw., heute in Vergessenheit geraten ist, so sicherlich nicht deshalb, weil Grenouille diesen berühmteren Finstermännern an Selbstüberhebung, Menschenverachtung, Immoralität, kurz an Gottlosigkeit nachgestanden hätte, sondern weil sich sein Genie und sein einziger Ehrgeiz auf ein Gebiet beschränkte, welches in der Geschichte keine Spuren hinterläßt: auf das flüchtige Reich der Gerüche. (S. 5)

Textübernahmen und Modifikationen

Auffälligstes Merkmal der Intertextualität sind zunächst die paradoxen Wendungen, mit denen die Hauptfiguren beider Texte, noch ehe sie zum ersten Mal auftreten, charakterisiert werden. Der Einführung des Kohlhaas als einen „der rechtschaffensten zugleich und entsetzlichsten Menschen“ entspricht bei Süskind die Charakterisierung Grenouilles als „zu den genialsten und abscheulichsten Gestalten“ gehörig. Beide Texte pointieren die Aussage durch die superlativische Zuspitzung „rechtschaffensten“, „entsetzlichsten“, „genialsten“, „abscheulichsten“ und den Bezug auf die jeweilige „Zeit“ oder bei Süskind „Epoche“. Anschließend scheinen sich die beiden Texte zwar etwas zu entfernen, weisen aber doch eine ganz ähnliche argumentative Struktur auf.

Michael Kohlhaas, so wird gesagt, hätte als „Muster eines guten Staatsbürgers“ in die Erinnerung der Nachwelt eingehen können, wenn er nicht in einer Tugend, dem Rechtsgefühl, „ausgeschweift hätte“. Dem entspricht bei Süskind die ironisch abgewandelte Aussage, Grenouilles Ruhm als geniales Scheusal könne auch heute noch überdauert haben, wenn er seinen Ehrgeiz nicht im „flüchtigen Reich der Gerüche“ entwickelt hätte. Spielerisch greift Süskind die Schlüsselformulierungen seines Ausgangstextes auf und übernimmt oder verwandelt sie. Aus der „Zeit“ wird die „Epoche“, aus dem „guten Staatsbürger“ das „geniale Scheusal“, aus der „Furcht Gottes“ die „Gottlosigkeit“, aus dem „Andenken“ die „Vergessenheit“. Auch den Text ordnende Merkmale hat Süskind wie beiläufig übernommen: So wird, an jeweils ähnlicher Stelle, das Fazit des Absatzes durch die zusammenfassenden Partikel „kurz“ eingeleitet, die jeweiligen Schlusssentenzen sind in vergleichbarer Weise rhythmisiert.

Strukturelle Entsprechungen

Angesichts dieser ironisch verfremdeten Mischung von Übernahme und Modifikation einzelner Wendungen und Strukturmomente lässt sich von einfachem Abschreiben aus dem Kleist'schen Novellentext nicht sprechen. Hier wird vielmehr auf mancherlei Weise, mit Witz und Ironie, ein historischer Bezugsrahmen hergestellt. Zum einen übernimmt dieser Bezugsrahmen die Funktion, dem Erzählanfang ein historisches Gewicht und einen Anstrich von Authentizität zu verleihen. Die enge Anlehnung an die geschichtlich verbürgte und literarisch bekannte Gestalt des Michael Kohlhaas gibt auch dem geschichtslosen, weil dem „flüchtigen Reich der Gerüche“ verbundenen Grenouille einen literarischen Stammbaum. Schließlich schwingen die berühmten Sätze der Kleist'schen Vorlage beim Lesen von Süskinds Romaneröffnung mit und erwecken Erwartungen. Zum andern lädt ein solcher intertextueller Bezugsrahmen den Leser ein, nach gedanklichen Bezügen und Motiventsprechungen in den beiden Texten zu suchen.

„Michael Kohlhaas“ als Bezugsrahmen

Schaffung von Authentizität

Kleists Gestaltung des Michael-Kohlhaas-Stoffs bietet eine Fülle von vergleichbaren Aspekten: Zunächst wird Michael Kohlhaas, unbescholtener Pferdehändler und tugendsamer Hausvater, erst durch erlittenes Unrecht und beständige Demütigung in seinem Rechtsempfinden so verletzt, dass er bei seinem Handeln alle moralischen Bedenken außer Acht lässt. Er brennt Teile der Stadt Wittenberg nieder, bringt Angst und Verderben über weite Teile der Bevölkerung Sachsens und büßt sein Streben nach Gerechtigkeit schließlich mit dem Tod auf dem Schafott. Süskind verweist durch die inter-

Thematische Parallelen

textuellen Bezüge aber nicht nur auf die grundsätzliche Vergleichbarkeit von Grenouilles Schicksal mit dem des historischen Ahnherrn Michael Kohlhaas, er übernimmt von Kleist auch eine Reihe von Motiven, um den intertextuellen Bezug im Verlauf des Romans präsent zu halten.

Motivkorrespondenzen

Wenn beispielsweise Grenouille in seinen Träumen auf dem Plomb du Cantal mit „weitausgespannten Flügeln" in seine Seele zurückfliegt, um sich vom „Doppelamt des Rächers und Weltenerzeugers" (S. 163) zu erholen, wird mit diesem Bild des Racheengels ein deutlicher Bezug zu Michael Kohlhaas hergestellt, der sich als „einen Statthalter Michaels, des Erzengels" bezeichnet, „der gekommen sey, [...] mit Feuer und Schwerdt, die Arglist, in welcher die ganze Welt versunken sey, zu bestrafen." (Kleist, S. 140 f.) Kohlhaas wird schließlich schon als „Würgengel" (Kleist, S. 172) bezeichnet, eine Vorstellung, die Grenouille nach dem großen Bacchanal in Grasse auf Richis überträgt, in dem er plötzlich einen „heranstürzenden Engel", einen „rächende[n] Engel" (S. 307 f.) zu erkennen glaubt.

Auch das Motiv des Verschlingens ist, allerdings noch nicht in kannibalischer Zuspitzung, am Ende des „Michael Kohlhaas" bereits vorgeprägt: Auf den Stufen zum Schafott verschlingt Kohlhaas, für alle sichtbar, einen bisher sorgsam in einem Amulett aufbewahrten Horoskopzettel (vgl. Kleist, S. 290), dessen Übergabe an den Kurfürsten von Sachsen ihm hätte das Leben retten können. „Michael Kohlhaas" als Textvorlage übernimmt hier somit die Aufgabe, Grenouilles Schicksal auf unterschiedlichen Ebenen mit dem seines literarischen Ahnherrn zu verknüpfen.

Textvorlagen zur Episode des Rückzugs

Die intertextuellen Bezüge sind vor allem in jenen Kapiteln besonders dicht und auffallend heterogen, in denen sich Grenouille in der siebenjährigen Einsamkeit des Plomb du Cantal von allen äußeren olfaktorischen Reizen zurückzieht, um seine innere Welt zu erforschen und zu ordnen. Der träumerische Rückzug in die Natur selbst verweist bereits auf namhafte literarische Vorbilder: auf Faust, der zu Beginn des zweiten Tragödienteils durch einen heilenden Schlaf in der Natur zu neuer Lebenskraft findet, und auf Hans Castorp, die Hauptfigur in Thomas Manns Roman „Der Zauberberg", der während eines siebenjährigen Aufenthalts in einem Sanatorium in Davos zu menschlicher Bildung und Reife gelangt.

Sprache der Schöpfungsgeschichte

Gleich auf die Schöpfungsgeschichte greift Süskind zurück, wenn Grenouille in der Einsamkeit der Höhle seinen Omnipotenzfantasien als Schöpfer eines „innere[n] Imperium[s]“ (S. 158) und Herrscher in seinem „einzigartige[n] Grenouillereich“ (S. 161) nachgeht. Mit Formulierungen wie: „Und als er sah, daß es gut war“ (ebd.) oder: „Da gebot der Große Grenouille Einhalt dem Regen“ (S. 162) übernimmt Süskind syntaktisch wie semantisch Formulierungen aus dem 1. Buch Mose.

Auch einzelne biblische Motive werden eingearbeitet, wenn Grenouille die üblen Gerüche seiner Kindheit „in einer riesigen reinigenden Sintflut destillierten Wassers“ (S. 159) vertilgt oder sein Grenouillereich „mit dem Flammenschwert“ (S. 161) zu verteidigen gewillt ist. Doch wird auch der biblische Ausgangstext nicht ohne ironische Wendungen aufgearbeitet. Wie fragwürdig, ja lächerlich Grenouilles Vermessenheit ist, sich mit dem Schöpfer der Welt auf eine Stufe stellen zu wollen, deutet bereits die Sintflut aus lediglich „destilliertem Wasser“ an. Ein weiteres Ironiesignal bietet die Formulierung „Und der Große Grenouille sah, daß es gut war, sehr, sehr gut“ (S. 162), denn durch den steigernden Zusatz „sehr, sehr gut“ wird die erhabene Formulierung überraschend ins Umgangssprachliche heruntergezogen. Wenn Grenouille schließlich am Ende seiner Schöpfungsfantasie „etwas müde“ geworden ist und gähnt (vgl. ebd.), wird seine Anmaßung endgültig entlarvt.

Ironische Verfremdungen

Vielfalt der Bezüge

Intertextuelle Bezüge können bei Süskind ganz unterschiedliche Funktionen übernehmen: Sie erstellen einen historischen Rahmen, innerhalb dessen das Geschehen als authentisch legitimiert wird, sie verweisen auf Parallelgeschichten und Parallelschicksale, in jedem Fall aber vermitteln sie dem Leser ein ironisch gebrochenes Déjà-vu-Erlebnis, ein Empfinden des Schonmal-gelesen-Habens, das ihn dazu anregt, die Regeln dieses intertextuellen Spiels zu entdecken. Dass Süskinds Bezugstexte dabei nicht nur dem klassischen Kanon europäischer Literatur, sondern auch trivialeren

Textsorten entnommen sein können, soll an einem abschließenden Beispiel dokumentiert werden:

> Die Männer sind alle Verbrecher,
> Ihr Herz ist ein finsteres Loch,
> Hat tausend verschiedne Gemächer,
> Aber lieb, aber lieb sind sie doch!
> (Aus der Operette „Wie einst im Mai",
> Text von Rudolf Bernauer und Rudolph Schanzer,
> Musik von Walter Kollo und Willi Bredschneider)

> Sein Herz war ein purpurnes Schloß. Es lag in einer steinernen Wüste, getarnt hinter Dünen, umgeben von einer Oase aus Sumpf und hinter sieben steinernen Mauern. Es war nur im Flug zu erreichen. Es besaß tausend Kammern und tausend Keller und tausend feine Salons, darunter einen mit einem einfachen purpurnen Kanapee, auf welchem Grenouille, der nun nicht mehr der Große Grenouille war, sondern Grenouille ganz privat oder einfach der liebe Jean-Baptiste, sich von der Mühsal des Tages auszuruhen pflegte. (S. 163)

Signale der Intertextualität

Zu erkennen gibt sich der intertextuelle Bezug durch eine Reihe wörtlicher Anspielungen und struktureller Ähnlichkeiten. Der Schlagervers „Ihr Herz ist ein finsteres Loch" wird mit dem einleitenden Satz „Sein Herz war ein purpurnes Schloß" in gleicher Rhythmisierung (∪/∪∪/∪∪/) aufgenommen, wobei die Formulierung „finsteres Loch" mit „purpurnes Schloß" semantisch nahezu in ihr Gegenteil verkehrt ist. Die Übereinstimmungen in Rhythmus, Satzanfang und lautlicher Gestaltung des Satzendes, der Assonanz auf -o-, machen es dem Leser aber leicht, hinter der pathetischen Aussage über Grenouilles Herz den bekannten Schlagertext zu entdecken.

Überdies folgen, in der genauen Reihenfolge des Ausgangstextes, weitere wörtliche Übereinstimmungen: Das Bild der „tausend verschiedne[n] Gemächer" greift Süskind mit den „tausend Kammern" auf und differenziert die „verschiednen" Gemächer durch den Zusatz „tausend Keller und tausend feine Salons". Auch die abschließende Bemerkung, dass die Männer trotz allem „lieb" seien, taucht in der Feststellung wieder auf, dass der „Große Grenouille" nun einfach der „liebe Jean-Baptiste" sei.

Variation auf trivialer Ebene

Der Dialog mit dem Schlagertext ist eine Einlassung auf die triviale Variante der schon mit Kleists „Michael Kohlhaas“ begonnenen Diskussion über Verbrechen und Verbrecher. Im Schlager wird das Motiv des „Verbrechers“ auf der Ebene des erotischen Gesellschaftsspiels behandelt. Pauschal werden alle Männer als undurchschaubare Räuber von Frauenherzen bezeichnet, denen man wegen ihres Charmes aber letzten Endes dennoch verzeiht. In ironischem Kontrast zu Kleist hinterlegt Süskind seinem Text damit eine Operettenfolie, auf der Verbrechertum als letztlich liebenswerte Charaktereigenschaft des Mannes erscheint.

Süskinds Umgang mit Textvorlagen

Wenn der Literaturkritiker Reich-Ranicki in seiner Rezension von „Das Parfum“ gerade diese Textstelle zitiert und, offensichtlich ohne die intertextuellen Anspielungen erkannt zu haben, kritisch anmerkt, solche Sätze zeugten nicht gerade von „drakonischer Selbstkontrolle“ und hinterließen bei Kritikern Stirnrunzeln und Verwunderungen (*Frankfurter Allgemeine Zeitung*, Nr. 52, 2. März 1985), so charakterisiert er damit Süskinds Umgang mit literarischen Vorlagen recht genau. Süskind greift einzelne Motive oder auch ganze gedankliche Zusammenhänge auf, lässt sich aber nicht auf längere, zusammenhängende Zitate ein. Vielmehr „homogenisiert“ er literarische Vorlagen (vgl. Ryan, 1991, S. 94), fügt sie in seinen eigenen sprachlichen und gedanklichen Duktus ein, wobei sie durch die wörtliche Übernahme einzelner Schlüsselbegriffe oder sprachlicher wie gedanklicher Strukturen durchaus noch erkennbar bleiben.

Funktion der Verweise

Des Weiteren sind die intertextuellen Bezüge keineswegs beliebig in den Roman eingestreut, sie sind vielmehr in seinen Aussagekontext integriert und übernehmen jeweils unterschiedliche Funktionen. Zum einen verweisen sie in einem zum Teil recht dichten Netz von Anspielungen auf den klassischen Kanon hoher wie trivialer Literatur und erschließen dem Romantext neue Dimensionen und Facetten. So ist beispielsweise das Motiv des Künstlers als Mörder in E.T.A. Hoffmanns Novelle „Das Fräulein von Scuderi“ vorgeprägt, der übersteigerte Geruchssinn und der Umgang mit künstlichen Düften in Joris-Karl Huysmans’ Roman „Gegen den Strich“ (1884, dt. 1905).

Eine intensive Auseinandersetzung mit Düften und ihren Nuancen findet man schließlich auch in Baudelaires Gedichten „Le flacon" und „Parfum exotique" aus der Sammlung *Les fleurs du mal* (1861; dt. *Die Blumen des Bösen*, erstmals 1901) wieder. Zum andern tritt der Roman durch seine intertextuellen Bezüge, dies zeigen die untersuchten Beispiele deutlich, in einen meist ironischen oder parodistischen Diskurs mit der jeweils herangezogenen literarischen Quelle. Das ist besonders dort der Fall, wo sich Grenouille in der Einsamkeit des Plomb du Cantal in die eigene Innerlichkeit zurückzieht. Dann werden alle Ansätze zum Pathos, zu hochtrabenden Gedankengängen als vorgeprägte literarische Versatzstücke, als Griff in den Zitatenschatz der Tradition entlarvt, und die Verherrlichung der Innerlichkeit erweist sich als eitle Pose.

Bewertung der Intertextualität

Süskinds Spiel mit der literarischen Tradition ist bereits in den ersten Rezensionen nach Erscheinen des Romans, wenn auch noch nicht in seinem ganzen Ausmaß, so aber doch grundsätzlich erkannt und hervorgehoben worden. So schreibt beispielsweise Gerhard Stadelmaier, der Autor Süskind habe sich das methodische Vorgehen des „Duft-Mörders" Grenouille zu Eigen gemacht, Grenouille plündere tote Häute, Süskind tote Dichter (*Die Zeit*,15. März 1985). In ähnlicher Weise zugespitzt urteilt Wolfram Schütte, wenn er anmerkt, dieser „höchst bewußte Autor" Süskind habe sich „mit vielen Wassern gewaschen", sein historischer Roman sei „ein parabelhaftes Gedankenspiel, dessen Patchwork gut vernäht" sei (*Frankfurter Rundschau*, 6. April 1985).

Genieästhetische Vorbehalte

Intertextualität als Programm

Neben der Bewunderung für Süskinds Einfallsreichtum und stilistische Virtuosität schwingt in Formulierungen wie „plündern" und „Patchwork" eine unüberhörbare Kritik mit. Noch immer beeinflussen die Grundlagen der Genieästhetik, nach der das Kunstwerk aus einem individuellen, autonomen Schöpfungsprozess hervorgeht, die Bewertung literarischer Texte und bleibt gegenüber der Verarbeitung fremder Textelemente, und sei sie auch noch so kunstvoll, der Vorbehalt des Epigonalen bestehen. Sieht man Süskinds „Parfum" hingegen im Kontext postmoderner Schreibformen, so ist sein Spiel mit vorgeprägten literarischen Mustern als poetisches Stilprinzip zu begreifen.

Lässt man sich von der postmodernen Einsicht leiten, dass alles eigentlich schon einmal gesagt und neues Schreiben nur ein kunstvoller Umgang mit Zitaten sein kann, so vermag man diesem Spiel neue ästhetische Dimensionen abzugewinnen. Im Bewusstsein dessen, dass der Drang zur Originalität nur Anmaßung sein kann, tritt der Autor nun in eine bewusste Auseinandersetzung mit seinen Textvorlagen, fasst die Vergangenheit „auf neue Weise ins Auge […]: mit Ironie, ohne Unschuld“, als „Maskerade hoch zwei“ (vgl. Eco, 1986, S. 78 f.).

Von der Pastiche bis zur Parodie

Bei Süskind reicht diese Maskerade von der Pastiche, der einfachen Nachahmung fremder literarischer Vorbilder, bis zur Parodie, der satirischen, kritischen bis polemischen Umgestaltung der Textvorlage. Für solche Gestaltungsformen hat sich in der Diskussion um die Postmoderne der Begriff der Doppel- oder Mehrfachkodierung durchgesetzt. Ein mehrfach kodierter Text wie Süskinds „Parfum“ ist zum einen als spannend geschriebener, stilistisch bravouröser Unterhaltungsroman zu lesen, der seinem Leser neue sinnliche Dimensionen erschließt. Zum andern lässt er sich aber auch als Zusammenspiel unterschiedlichster Textelemente dechiffrieren, die zusätzliche Ebenen der ironischen Verweise, Anspielungen und Auseinandersetzungen in den Roman einfügen.

Doppel- und Mehrfachkodierung

Die Romanarten

Entwicklungs- und Bildungsroman

Entwicklungs- und Bildungsroman

- Unterschiedliche Deutungen der Romangattung in der Literaturkritik.
- Süskinds Roman als parodistisches Spiel mit der traditionellen Form des Entwicklungs- und Bildungsromans.
- Übereinstimmungen mit dem Aufbauschema des Bildungsromans, aber schroffe Abweichung am Ende durch die Selbstzerstörung Grenouilles.
- Parodie auf klassische Bildungsvorstellungen: Statt Begegnung mit Frauen als Bildungserlebnis Mädchenmord als Selbstfindung. Statt Bildung durch Theaterbesuche inneres Welttheater in der Höhle des Plomb du Cantal. Statt Bildung am Adelshof Täuschung der wissenschaftlichen Öffentlichkeit.
- Ausschließlich olfaktorische Erfassung der Welt, keine Integration in die Gesellschaft.
- Regelmäßige Reflexionen über den erzielten Bildungsstand, Überheblichkeit und Größenwahn.

Vielfalt der Romanarten

Schon kurz nach seinem Erscheinen versucht die Literaturkritik „Das Parfum“ auch im Hinblick auf seine Zugehörigkeit zu einer bestimmten Romangattung genauer einzuordnen. So bezeichnet Joachim Kaiser dieses „mythenbedachte“ und „überraschungsreiche“ Werk als „Mischung aus Kolportage, schwarzer Schelmen-Geschichte und fesselndem Künstlerroman“ (*Süddeutsche Zeitung*, 28. März 1985), Wolfram Schütte sieht darin ein „parabelhaftes Gedankenspiel“ im Kostüm eines „historischen Romans“ (*Frankfurter Rundschau*, 6. April 1985). Aus größerer zeitlicher Distanz deutet Werner Frizen „Das Parfum“ als „Künstlerroman – in der Maskerade des Kriminalromans“, wobei er auch noch einen „Hauch von Räuberroman, eine Duftnote Mantel-und-Degen-Romantik, eine starke Prise Kolportage, ein Gran Schauerroman, die starken Reize des Kriminalromans, einen Schuß Fantasy- und einen Extrakt von der Horrorgeschichte“ wahrnimmt (vgl. Frizen, 1994, S. 79). Spätestens wenn sich das Genie Grenouille hinter der Lebensform des braven Gesellen tarne, so argumentiert Wolfgang Hallet, verweise der Roman „auf seine historischen Vorbilder der Entwicklungs- und Bildungsromane, etwa auf Karl Philipp Moritz' ‚Anton Reiser'" (Hallet, 1989, S. 281). Konzentriert man sich lediglich auf die zentralen Traditionsmuster des Romans, so sind für Süskinds „Parfum" der Entwicklungs- und Bildungsroman, der Künstlerroman und der Kriminalroman als Bezugsgattungen sicherlich unumstritten.

Tradition des Bildungsromans

Mit dem Entwicklungs- und Bildungsroman entstand in Deutschland in der zweiten Hälfte des 18. Jahrhunderts eine Romanart, die statt der ausschließlichen Darstellung äußerer Handlungen die innere Entwicklung eines Helden, die Ausbildung, Formung und Vervollkommnung seines Charakters schildert. Nach Werken wie Christoph Martin Wielands „Geschichte des Agathon", in erster Fassung 1766/67 veröffentlicht, und dem zwischen 1785 und 1790 erschienenen „Anton Reiser" von Karl Philipp Moritz gab Goethe 1795/96 mit „Wilhelm Meisters Lehrjahre" für die Gattung des Entwicklungs- und Bildungsromans ein normbildendes Beispiel. Unter dem Aspekt ihrer Form zeichnen sich diese Romane durch ihre Einsträngigkeit, die ausschließliche Zentrierung auf die Entwicklung eines Helden aus. Unter thematischem Aspekt schildern sie die fortschreitende Selbstfindung des Helden, seinen Reifungsprozess und seine Integration in die Gesellschaft. Auf der Folie eines solchermaßen klassischen, mit Romanen wie Thomas Manns „Zauberberg" weit noch in das 20. Jahrhundert hereinragenden literarischen Genres kehrt Süskinds „Bildungsgeschichte" des Jean-Baptiste Grenouille völlig neue Aspekte hervor und erweist sich im postmodernen Sinne als parodistisches Spiel mit großen traditionellen Formen.

Merkmale des Bildungsromans

Aufbauschema des Bildungsromans

Liest man Süskinds „Parfum" als Entwicklungs- und Bildungsgeschichte seines Helden, so zeigen die einzelnen Sequenzen durchaus formale Ähnlichkeiten mit den traditionellen Aufbaumustern des Bildungsromans: Umfasst der erste Romanteil die Zeit der Kindheit, der Jugend und der Lehre bei Baldini, so schildert der zweite Teil Grenouilles Wanderjahre von Paris über den Plomb du Cantal und Montpellier nach Grasse und lässt sich der dritte Teil in Grasse als Zeit der Vollendung, als Perfektionierung in der Kunst der Enfleurage deuten, die schließlich in der Herstellung des absoluten Dufts ihren Abschluss findet. Im Einzelnen ist das in dem auf S. 120 dargestellten Entwicklungsschema zu erkennen.

Selbstvernichtung als „Bildungsergebnis"

So deutlich sich auch in den ersten drei Romanteilen das klassische Dreierschema des Bildungsromans – und dieser enger gefasste, stärker auf die historische Tradition bezogene Begriff wird hier bevorzugt – als Strukturmoment abzeichnet, so schroff weicht der vierte Teil, die restlose Selbstzerstörung des Helden, von allen traditionellen Formen ab. Statt sich seiner selbst und seiner Aufgaben in der Gesellschaft bewusst zu werden und sich mit der Welt zu versöhnen, erkennt Grenouille in aller Schärfe die durch nichts zu kompensierende eigene Unzulänglichkeit. Der gelungenen Selbstfindung des Helden in einem Roman wie „Wilhelm Meister" stehen hier die Selbstaufgabe und der Selbstverlust in radikalster Form gegenüber. Die den Roman beschließende Selbstvernichtung des Helden durch eine bewusst herbeigeführte Kannibalisierung, ein Verschwinden „in jeder Faser" (S. 320), lässt sich im Sinne postmodernen Spielens mit traditionellen Erzählmustern als Parodie auf das Genre des Entwicklungs- und Bildungsromans deuten.

Parodistischer Dialog

Liest man den Roman vor dem Hintergrund der Tradition des deutschen Bildungsromans, so ist bereits von den ersten Seiten an ein ironisch-parodistischer Dialog mit diesem klassischen Genre erkennbar. Während Wilhelm Meister in einem Brief an seinen Jugendfreund Werner über seine Lebensziele schreibt: „Mich selbst, ganz wie ich da bin, auszubilden, das war dunkel von Jugend aus mein Wunsch und meine Absicht" (5. Buch, 3. Kap.), konzentriert sich der von Geburt an boshafte, überlebensstarke Grenouille mit genialer Monomanie nur auf einen einzigen seiner Sinne: den Geruchssinn. Ganz offenkundig stehen damit Ursprung und weitere Entwicklung Grenouilles in einem ironischen Kontrast zur Tradition des Bildungsromans: Wenn der Philosoph Wilhelm Dilthey 1906 den deutschen Bildungsroman in der Nachfolge des „Wilhelm Meister" als eine Gattung beschreibt, die den jungen Menschen jener Tage zeige, „wie er in glücklicher Dämmerung in das Leben eintritt, nach verwandten Seelen sucht, der

Verkapselung statt Öffnung

Einseitige Ausbildung

Romanteile	Stadium	Ziele	Handlungsteile	Kapitel
1. Teil	Kindheit Jugend Lehrjahre	Kampf ums Überleben Suche nach dem Lebensziel Ausbildung handwerklicher Fähigkeiten	Geburt auf dem Fischmarkt von Paris Pflege durch Ammen Ausbeutung durch den Färber Grimal Erster Mädchenmord Lehre beim Parfumeur Baldini	1 2–5 6–7 8 9–22
2. Teil	Wanderjahre	Distanz zur eigenen Vergangenheit Suche nach der Identität Äußere Anpassung an die Gesellschaft	Flucht auf den Plomb du Cantal Seelentheater in der Höhle Forschen nach eigenem Geruch Aufenthalt beim Marquis de la Taillade-Espinasse	23–25 26–27 28–29 30–34
3. Teil	Zeit der Vollendung	Herstellung des absoluten Dufts Suche nach Liebe und Herrschaft über die Menschen	Perfektionierung in der Kunst der Enfleurage Mord an 25 Jungfrauen und Gewinnung ihres Dufts Massenverführung in Grasse	35–39 40–48 49–50
4. Teil	Selbstzerstörung	Rückkehr zu den Ursprüngen Vollständige Beseitigung seiner selbst durch Kannibalismus	Wanderung nach Paris Auslieferung an das Gesindel	 51

Freundschaft begegnet und der Liebe, wie er nun aber mit den harten Realitäten der Welt in Kampf gerät und so unter mannigfachen Lebenserfahrungen heranreift, sich selber findet und seiner Aufgabe in der Welt gewiß wird" (vgl. Dilthey, 1985, S. 272), so wirkt bereits die Kindheit Grenouilles als Karikatur der Dilthey'schen Beschreibung: statt „verwandter Seelen" und „Freundschaft" Feindschaft, Mordversuche und rücksichtslose Ausbeutung.

Frauen als „Bildungserlebnis"

Auch für Grenouille stellt die Begegnung mit den Frauen ein wichtiges Bildungserlebnis dar, allerdings nicht im Sinne Goethes oder Diltheys. Zu dem rothaarigen Mädchen aus der Rue des Marais fühlt sich Grenouille mit allen Anzeichen der Erregung wie unter einem Bann stehend hingezogen, ungeahnte Glücksgefühle überkommen ihn. Einziges Ziel seiner Annäherung ist jedoch das Einatmen ihres Dufts, alle dabei störenden Akzidentien werden beseitigt. Erst der gefühllose Mädchenmord verhilft Grenouille zu jenem „Heranreifen", das ihn von einer animalischen Existenz (vgl. S. 57) zum Bewusstsein seiner selbst verhilft. Zitternd vor Glückseligkeit fühlt sich Grenouille wie neu geboren, wird sich seiner Genialität und seines Lebensziels bewusst und ordnet seine Geruchserinnerung am Maßstab des neu gewonnenen Dufts. Dass hier eine Parodie klassischer Bildungserlebnisse gestaltet ist, zeigt nicht zuletzt die sprachliche Nähe zur Bildungsromantradition und ihrer poetologischen Überhöhung: Von „Kenntnis seiner selbst", vom Wissen darum, „wer er wirklich sei", vom „Kompaß für sein künftiges Leben" (S. 57) ist hier die Rede, pathetische Formulierungen also, die denen Diltheys bereits sehr nahe kommen. Auch die Begegnung mit dem Duft der ebenfalls rothaarigen, zu Sommersprossen neigenden Laure Richis in Grasse gibt Grenouilles Leben eine neue Zielrichtung. In ähnlicher Weise erregt und angezogen, in Wonne wie Schrecken versetzt, plant der inzwischen erfahrenere Grenouille die systematische Erweiterung seiner handwerklichen Fähigkeiten unter dem Deckmantel einer unauffälligen Existenz als Parfumeursgeselle.

Theater als Bildungserlebnis

Auch die begeisterte Beschäftigung mit dem Theater, die im Bildungsprozess Anton Reisers und Wilhelm Meisters einen wichtigen Stellenwert einnimmt, findet in der Beschreibung von Grenouilles Lebensweg eine parodistische Abwandlung. Grenouille, der proletarische Zeitgenosse Anton Reisers und Wilhelm Meisters, erlebt Theater zunächst in seiner Grotte auf dem Plomb du Cantal als „innere[s] Welttheater" (S. 159) oder als „Seelentheater" (S. 168). Aber schon zu Beginn dieser Textpassage wird deutlich, dass das in parodistischer Form verinnerlichte Theater Grenouilles ähnlich kompensatorische Funktionen übernimmt wie das Theaterspiel seiner Zeitgenossen. Grenouille erlebt hier intensivste Ausschweifungen, wie sie nie einem „Lebemann draußen in der Welt" (S. 158) widerfahren sind, durchlebt die gewaltigsten Gefühle und kann seinen „angestaute[n]

Seelentheater als Parodie

Antizipation von Herrschaft

Haß" mit „orgastischer Gewalt" (S. 159) aus sich hervorbrechen lassen. Er entwirft sich ein inneres Imperium, ein „Reich" (S. 161), in dem er nicht nur die unumschränkte Herrschaft übernimmt, sondern wie ein Gott auch über die Natur befiehlt. Was Grenouille hier erhält, lässt sich nur als eine Parodie auf alle Bildungserlebnisse der Romantradition deuten: In wahnhaften Allmachtsfantasien seines inneren Welttheaters bereitet sich der Romanheld auf seine später ausgeübte, zynisch erlebte Herrschaft über die Menschen vor.

Bildung am Adelshof

Parodie auf die Bildung der Adligen

Der Aufenthalt des bürgerlichen Helden am Adelshof ist ein durchgehendes Handlungselement im deutschen Bildungsroman von Goethes „Wilhelm Meister" bis hin zu Gottfried Kellers „Grünem Heinrich". Auch dieses traditionelle Handlungselement des Bildungsromans verkehrt Süskind ins Parodistische. Wenn der Marquis de la Taillade-Espinasse, dem Grafen im „Wilhelm Meister" durchaus vergleichbar, Grenouille zum Theaterspiel animiert, so verfolgt er mit der Rücksichtslosigkeit des Fanatikers seine eigenen Interessen und verdinglicht Grenouille zum „Demonstrationsobjekt" in der Aula der Universität, immerhin aber gegen „ein gutes Stück Geld" (S. 180). Die Bildung, die der Hof des Marquis seinem Schützling angedeihen lässt, beschränkt sich auf eine prunkvolle Garderobe und ein kleines Repertoire anmutiger Bewegungen, um die Täuschung der wissenschaftlichen Öffentlichkeit perfekt zu machen. Nichts deutet andererseits darauf hin, dass Grenouille dem Marquis Achtung entgegenbrächte. Vielmehr lässt er sich unbeeindruckt in die Pläne des Marquis einweihen und scheinbar willenlos vorführen. Ein Egozentriker profitiert hier von der Egozentrik des anderen. Tatsächlich kommt dem Aufenthalt des Helden am Adelshof aber insofern eine nicht geringe Bedeutung zu, als Grenouille hinter der Schauspielinszenierung des Marquis, in seinen wahren Absichten gut getarnt, seine eigenen Pläne verfolgen kann. In ihrer vordergründigen Handlung eine Parodie auf adlige Bildung, verhilft diese Episode Grenouille zu einer olfaktorischen menschlichen Identität, die, wenn auch künstlich, Voraussetzung für die Formulierung weiterer Lebensziele ist.

Grenouilles heimliche „Bildung"

Monomane Ausbildung

Der in Süskinds Roman geschilderte Lebensweg des Helden Grenouille ist eine Parodie auf klassische Bildungsvorstellungen, ein ironisches Spiel mit typischen Strukturmomenten des Bildungsromans. An die Stelle einer ganzheitlichen Bildung tritt die monomane Ausbildung eines einzelnen Sinnensystems, wird die Welt fast ausschließlich olfaktorisch erfasst. Die Kommunikationsfähigkeit mit anderen Menschen beschränkt sich auf jenes minimale Maß, das nötig ist, um die banalsten Bedürfnisse zu befriedigen. Unfähig ist Grenouille zu Menschenliebe und Sexualität, Morde vollbringt er ohne die geringsten Skrupel, begriffliches Denken liegt ihm fern, Anteilnahme an gesellschaftlichen und politischen Ereignissen findet nicht statt. Weit entfernt von einem ausgewogenen Bewusstsein seiner selbst, der Tugend der Selbstbegrenzung, neigt Grenouille, beflügelt durch seine parfümistische Genialität, zu einer Überheblichkeit, die sich im weiteren Verlauf des Romans zu einem blasphemischen Größenwahn steigert. Eine Integration Grenouilles in die Gesellschaft, wie sie im klassischen Bildungsroman dem Helden glückt, findet nicht statt. Im Gegenteil: Da Grenouilles Lebensplan scheitert, steht am Ende seine Selbstvernichtung.

Reflexionen über Bildungsstand

Schließlich ist ein weiteres Strukturmoment des Bildungsromans darin zu sehen, dass der Held an entscheidenden Stellen seines Lebenswegs innehält und über den erreichten Bildungsstand reflektiert. Auch dieses Element übernimmt Süskind mit gelegentlichem ironischem Bezug auf die literarische Tradition. Zum einen neigt Grenouille in emotional besonders herausgehobenen Momenten, in Situationen höchsten Glücksempfindens wie auch des Lebensüberdrusses, zu Bestandsaufnahmen und neuen Zielformulierungen. So ordnet er unmittelbar nach dem ersten Mädchenmord sein inneres Duftsystem neu und fasst den Vorsatz, größter Parfumeur aller Zeiten zu werden (vgl. S. 57 f.). Dem entspricht nach dem letzten Mord, der Tötung Laure Richis', eine von „Demut und Dankbarkeit" geprägte Rückschau auf einzelne Stadien seiner Entwicklung (vgl. S. 277–279).

Rückschau in Glücksmomenten

Weitere Glücksmomente erlebt Grenouille bei einer Hochzeit im Dom Saint-Pierre, wo sich sein Plan konkretisiert, der „omnipotente Gott des Duftes" zu werden (vgl. S. 198–200), und auf dem Höhepunkt seines Triumphes am Hinrichtungsplatz in Grasse, wo alle bisherigen Glücksempfindungen in Ekel und Hass umschlagen (vgl.

Zielfindung an Wendepunkten

S. 304–306). Zum andern werden mit Reflexionen über den erzielten Entwicklungsstand und die geplanten Lebensschritte auch jene Stellen hervorgehoben, an denen längere Entwicklungsphasen abgeschlossen oder neue eingeleitet werden. So macht sich Grenouille am Ende seiner Lehrzeit bei Baldini bewusst, dass er mit dem Parfumeurshandwerk keinen bürgerlichen Geldberuf anstrebe, sondern seine innersten Vorstellungen verwirklichen wolle (vgl. S. 139 f.). Die überraschende Duftspur Laure Richis' schließlich inspiriert ihn zu einer strategisch genau geplanten Vervollkommnung seiner handwerklichen Fähigkeiten (vgl. S. 218 f.).

Parodistisches Spiel mit der Rückschau

Wie Süskind gerade auch solche Reflexionspassagen zu einem parodistischen Spiel mit der klassisch-romantischen Romantradition nutzt, zeigt Grenouilles dankbare Würdigung seines Lebens am Bett der erschlagenen Laure Richis. In dieser Situation bilden sich „in seinem düsteren Hirn fast heitere Gedanken" (S. 278), und die wichtigen Stationen seines Lebens ziehen in rosiger Färbung an ihm vorbei. „Ja, es schien ihm, wenn er so zurückdachte", so fasst er schließlich seine Erinnerungen zusammen, „daß er ein vom Glück besonders begünstigter Mensch sei und daß sein Schicksal ihn auf zwar verschlungenen, doch letzten Endes richtigen Wegen geführt habe" (ebd.). Hier beschönigt Grenouille am Bett seines letzten Opfers seine Mörderkarriere als begnadete, schicksalhafte Fügung und entlehnt den gedanklichen wie sprachlichen Duktus seiner Reflexion in auffallender Weise den klassischen und romantischen Vorbildern.

Künstler- und Kriminalroman

Künstler- und Kriminalroman

- Ironisch-parodistische Neugestaltung des Künstlerromans. Unvereinbarkeit des Künstlertums mit bürgerlichem Leben. E.T.A. Hoffmanns Erzählung Das Fräulein von Scuderi als Textfolie. Sowohl der Goldschmied Cardillac als auch Grenouille kriminell ohne Schuldbewusstsein.
- Dämonie als Schattenseite des Künstlertums. Anspielungen auf das Teuflische als gemeinsames Motiv. Morden als Stabilisierung der eigenen Gefühlswelt. Kunst als Herrschaftsinstrument.
- Süskinds Spiel mit Motiven des Kriminalromans, Detektivromans und Thrillers.
- Unberechenbarkeit eines Serienmörders und panische Reaktion der Menschen als typische Elemente des Kriminalromans. Konsul Richis als Detektiv.
- Element des Thrillers im Verfolgungsspiel zwischen Richis und Grenouille.
- Süskinds Roman als inszenierte Maskerade mit Versatzstücken der literarischen Tradition.

Plündern und Parodieren

Dass Grenouilles Methode, den Duft junger Mädchen zu destillieren, gleichzeitig auch die Schreibstrategie des Erzählers Süskind sei, dass Grenouille tote Häute plündere, Süskind dagegen tote Dichter, dieser ironische Vergleich Gerhard Stadelmaiers (vgl. *Die Zeit*, 15. März 1985) zählt zu den viel zitierten und häufig kommentierten Pointen der Literaturkritik. Das Plündern erweist sich bei genauem Hinsehen allerdings nicht als wahlloses Ausschlachten, sondern eher als ein ironisch-parodistisches Spiel mit dem traditionellen Schulkanon klassisch-romantischer Werke und mit historisch geprägten literarischen Gattungen. In diesem Kontext ist es auch zu sehen, wenn Süskind typische Form- und Handlungselemente des Künstler- wie des Kriminalromans aufgreift und neu gestaltet.

Entstehung des Künstlerromans

Der parodistische Dialog mit dem Künstlerroman als einer dem Bildungs- und Entwicklungsroman eng verwandten epischen Gattung ist schon insofern nahe liegend, als seine historischen Ursprünge ebenfalls in die Epoche Grenouilles zu datieren sind. Um die Mitte des 18. Jahrhunderts verändert sich in einer bürgerlichen Abgrenzungsbewegung von der Kultur des Adels das bisherige Künstlerbild. Gegen den sich an traditionellen Stoffen und Regeln orientierenden, sich eher als Handwerker begreifenden Künstler richtet sich nun die Vorstellung von dem aus sich selbst schöpfenden, sich seine Regeln neu erschaffenden Künstler, der den Begriff des Genies für sich beansprucht. Die Unvereinbarkeit von genialem Künstlertum und bürgerlichem Leben war schließlich ein zentrales Thema der Romantik, vor allem des Schriftstellers, Musikers und Juristen E.T.A. Hoffmann. Die Erzählung „Das Fräulein von Scuderi", 1819 im Rahmen des Erzählzyklus „Die Serapions-Brüder" erschienen, ist denn auch einer der zentralen Texte, zu dem Süskinds Roman mit der Figur des genialen Parfumeurs Grenouille in eine enge Beziehung tritt.

Genie statt Handwerker

E.T.A. Hoffmanns Cardillac als Ahnherr

Das Fräulein von Scuderi, eine in Paris zur Zeit Ludwigs XIV. lebende bekannte Schriftstellerin, wird in dieser Künstler- und Kriminalgeschichte in eine Serie nächtlicher Morde verstrickt, zu deren Aufklärung sie aufgrund ihres Ansehens und ihrer Besonnenheit beiträgt. Täter ist der für die hohe Perfektion seines Schmucks weit über Paris hinaus bekannte Goldschmied René Cardillac. Die geniale Kunstfertigkeit, mit der er seine Produkte entwirft und bearbeitet, führt nämlich dazu, dass er sich von seinen Kreationen nur unter tiefsten seelischen Qualen trennen kann. So lauert er des Nachts den Käufern seiner Geschmeide auf, ersticht sie und erobert sich den Schmuck zurück. Die Handlung setzt im Jahre 1680 ein, als Cardillac selbst in seiner Wohnung erstochen aufgefunden und sein Gehilfe Olivier zu Unrecht des Mordes verdächtigt wird.

Intertextuelle Bezüge

Wenn zu Beginn von Süskinds Roman der Held Grenouille als zu den „genialsten und abscheulichsten Gestalten" (S. 5) seiner Epoche gehörig eingeführt wird, so liegt dieser Formel neben dem Erzählanfang von Kleists „Michael Kohlhaas" auch E.T.A. Hoffmanns „Fräulein von Scuderi" als Textfolie zugrunde: Dort wird der Goldschmied Cardillac in einem ähnlich superlativisch zugespitzten Kontrast als „einer der kunstreichsten und zugleich sonderbarsten Menschen seiner Zeit" (vgl. Hoffmann, 1976, S. 22) vorgestellt. Damit werden bereits zu Beginn der Handlung die beiden wichtigsten, die Künstlerhandlung tragenden und für deren Dynamik verantwortlichen Wesensmerkmale der Hauptfiguren hervorgehoben: ihre Genialität und ihre Absonderlichkeit beziehungsweise ihre moralische Verwerflichkeit.

Angeborene Genialität

Der im 18. Jahrhundert entwickelten Genievorstellung entsprechend, deuten sowohl Hoffmann als auch Süskind die geniale Fähigkeit ihres Helden als angeboren, wobei allerdings in mehr oder weniger starkem Maße parodistische Verzerrungen mit im Spiel sind. Cardillac führt seine zwanghafte Leidenschaft für Gold und Juwelen auf ein pränatales Erlebnis zurück: Seine Mutter gibt sich während ihrer Schwangerschaft, erregt von der Schönheit einer Brillantenkette, dessen Träger hin, der allerdings noch während der Liebesbegegnung vom Schlag getroffen stirbt. Beides wird in diesem traumatischen Erlebnis der Mutter manifest: die Leidenschaft für glänzenden Schmuck wie das Übertreten gesellschaftlicher Schranken. Die Schrecken dieses Augenblicks hätten ihn im Mutterleib getroffen, so deutet Cardillac die Affäre (vgl. Hoffmann, S. 55) und leitet davon seine frühkindliche Passion für Diamanten und Goldgeschmeide, aber auch sein fehlendes Unrechtsempfinden ab. Schon als Kind begabt, echten von falschem Schmuck untrüglich zu unterscheiden, stiehlt er, was ihm ins Auge sticht.

Angeborene Kriminalität

Im Grundmuster ähnlich, parodistisch aber krasser zugespitzt, motiviert Süskind die geniale olfaktorische Begabung seines Helden. Das Geruchsgenie wird am geruchsintensivsten Ort von ganz Frankreich, auf einem Pariser Fischmarkt, geboren. Zu den Fischabfällen geworfen, muss er sich gegen einen Kindesmord wehren. So entwickelt auch Grenouille eine frühkindliche geniale Fähigkeit, Düfte zu unterscheiden und zu speichern, sich ausschließlich in der olfaktorischen Welt zu entfalten und Verbrechen ohne einen Anflug von Schuldbewusstsein oder Reue zu begehen. Die weitere Entwicklung seiner Genialität ähnelt ebenfalls der Cardillacs: Fügt Cardillac aus den unscheinbarsten Steinen, besessen von seiner Arbeit, ein unvergleichliches Meisterwerk zusammen, so mischt auch Grenouille aus den alltäglichsten Essenzen ein einzigartiges Parfum. Arbeitet Cardillac allein aus gestalterischer Leidenschaft und verachtet dabei das Geld, so beschließt auch Grenouille am Ende seiner Lehre, mit seiner Kunst keinesfalls „das große Geld“ (S. 140) machen zu wollen.

Grenouilles olfaktorische Genialität

Dämonie als Schattenseite

Beiden Künstlern, Cardillac wie Grenouille, haftet als Schattenseite der Genialität das Dämonische an. Bei Cardillac werden die verstörten Gesichtszüge hervorgehoben, ein „häßliches Lächeln“, das „auf seinem roten Antlitz gleißt“ (vgl. Hoffmann, S. 26), ein „verwilderter Blick“ (vgl. S. 27). Wo er sein Unwesen treibt, wähnt man den Teufel mit im Spiel (vgl. Hoffmann, S. 16, 28), selbst das aufgeklärt denkende Fräulein von Scuderi sieht in dem von Cardillac erhaltenen Schmuck einen „höllischen Talisman des Bösen“ (vgl. Hoffmann, S. 31). „Wie der Teufel“ (Hoffmann, S. 24) lacht Cardillac aus dem Fenster heraus und scheint auch noch steinerne Hofmauern zu durchschreiten (vgl. Hoffmann, S. 16). Dem „häßlichen Lächeln“ Cardillacs entspricht bei Grenouille ein „häßliches, zynisches Grinsen“ (S. 304), und die Anspielungen auf das Teuflische werden von Süskind zu einem vielfältig variierten Motiv ausgestaltet. Dass Grenouille vom Teufel besessen sei, behauptet bereits die Amme Bussie (vgl. S. 14), dass er „das zweite Gesicht“ (S. 37) besitzen müsse, mutmaßt Madame Gaillard; nach einem Sturz in den Brunnen verbleibt ihm ein „leicht verkrüppelte[r] Fuß, der ihn hatschen machte“ (S. 27), ein untrügliches Merkmal traditioneller Teufelsbilder. Als es der Polizei von Grasse später nicht gelingt, den vielfachen Mädchenmörder zu enttarnen, wähnt man ihn ebenfalls mit dem Teufel im Bunde, veranstaltet Teufelsmessen (vgl. S. 283), und als schließlich sein Hinken auffällt, zweifelt niemand mehr an seiner Identität mit dem Satan (vgl. S. 285 ff.).

Teufelsmotiv in „Das Parfum“

Unversöhnbarkeit von Kunst und Leben

In E.T.A. Hoffmanns „Fräulein von Scuderi“ wird der romantische Gegensatz zwischen Kunst und Leben – in Goethes „Wilhelm Meister“ noch zugunsten des Lebens harmonisiert – in seiner ganzen Unversöhnlichkeit zugespitzt. Die asoziale Wesensstruktur des Künstlers Cardillac äußert sich nicht nur in einer Unfähigkeit, sich in die bestehende Gesellschaft mit ihren Konventionen zu integrieren, sondern in einer Menschenfeindlichkeit, die bereits Züge einer krankhaften Ichbezogenheit trägt (vgl. Schmidt, Bd. 2, 1988, S. 37). Seine Kunstwerke sind so sehr Teil seiner selbst, dass die Trennung von ihnen schwere psychische Störungen verursacht. Um seine Identität als Künstler zu bewahren, bedarf es des nachträglichen Raubs und damit des gezielten Mords. Nach dem Mord gewinnt Cardillac seine verlorene Identität zurück und empfindet „eine Ruhe, eine Zufriedenheit in meiner Seele, wie sonst niemals" (Hoffmann, S. 58).

Mord als Teil des Künstlertums

Vor der Folie dieses Ahnherrn Cardillac ist es nicht verwunderlich, dass auch Grenouille nach seinen Morden von ungeahnten Glücksgefühlen überwältigt wird (vgl. S. 57), dass ihn einmalige Empfindungen des Wohlseins, des Einsseins mit sich selbst (vgl. S. 277 f.) erfüllen. Ist dem nächtlichen Mörder Cardillac die Verwerflichkeit seines Tuns zumindest bewusst, so entwickelt Grenouille, dem jegliches moralisches Denken fremd ist, keinerlei ersichtliche Schuldgefühle. In seinem innersten Wesen außerhalb jeglicher Gesellschaftsordnung lebend, findet er seine Identität in der Ordnung seiner olfaktorischen Welt und in der Entwicklung neuer Duftideen. Im Lebenskonzept eines solchen Genies ist der Mord ein Arbeitsinstrument unter vielen und fest in den Schaffensprozess eingegliedert. So erlebt Grenouille bei der Ermordung seines letzten, seines höchsten Mädchenopfers Laure Richis nur den Schlag der Keule als unangenehmes, weil störendes Geräusch (vgl. S. 275). Gegenüber E.T.A. Hoffmanns „Fräulein von Scuderi" führt Süskind den Konflikt zwischen Kunst und Leben, zwischen Genie und Wahnsinn jedoch im postmodernen Sinne weiter. Muss Cardillac mit seinen Morden zwanghaft seine Identität als Künstler wiederherstellen, tötet Grenouille, um sich erst einmal eine menschliche Identität zu schaffen.

Kunst als Demagogie

Schließlich geht Grenouilles genialischer Kunstanspruch noch einen entscheidenden Schritt weiter. Die von Natur aus zu kurz gekommene, deklassierte und auralose Existenz verschafft sich durch ihre Genialität und übermenschliche Ausdauer nicht nur eine eigene Identität, sie realisiert auch ihren Traum, die von ihr gehassten Menschen zu verführen und zu beherrschen. Kunst als Herrschaftsinstrument: Dies ist sicherlich das zentrale Thema des als Künstlerroman gelesenen Werks. Es ist nur konsequent, wenn eine solchermaßen überfrachtete Kunst an ihren Ansprüchen schließlich scheitert. Grenouille muss jedoch im Augenblick seines Triumphes erkennen, dass er bei der Entwicklung seiner demagogischen Strategie die eigene Gefühlswelt falsch eingeschätzt hat: Angetan mit seinem genialen Meisterwerk,

Scheitern an der eigenen Gefühlswelt

„dem Parfum, das vor den Menschen beliebt macht, mit dem Parfum, an dem er zwei Jahre lang gearbeitet hatte, dem Parfum, das zu besitzen er sein Leben lang gedürstet hatte“, steigt „der ganze Ekel vor den Menschen wieder in ihm auf und vergällte ihm seinen Triumph so gründlich, daß er nicht nur keine Freude, sondern nicht einmal das geringste Gefühl von Genugtuung verspürte.“ (S. 305) Damit scheitert Grenouilles geniales Künstlertum: Sein demagogisches Ziel hat er erreicht, aber seine gänzliche Andersartigkeit wird ihm nur allzu deutlich bewusst.

Detektivroman und Thriller

Süskinds postmodernes Spiel mit den Versatzstücken des Kriminalromans greift sowohl auf den Detektivroman als auch den Thriller zurück, parodiert ebenso erfindungsreiche Reflexion wie die Paradoxien der Flucht. Allerdings sind bei aller kriminalistischer Maskerade dem Leser der Täter und seine Motive bekannt.

Die Mordserie in Grasse

Wie auch E.T.A. Hoffmann zu Beginn von „Das Fräulein von Scuderi“ eine Situation aufbaut, in der eine ganze Stadt durch eine Serie von Morden in Angst und Schrecken gehalten wird (vgl. Hoffmann, S. 8 ff.), so schildert Süskind in konsequenter Außensicht die panischen Reaktionen der Bürger in Grasse angesichts der nicht abreißenden Kette von Mädchenmorden. Typische Motive des Kriminalromans tauchen auf: Der Täter scheint „unfaßbar, körperlos“ (S. 250) zu sein, er dringt in Häuser, in verschlossene Kammern im fünften Stock ein, ohne dass die Hunde anschlagen (vgl. ebd.). Nahe liegende Motive wie sexueller Missbrauch der Opfer bestätigen sich nicht. Dies steigert den Schrecken der Bevölkerung, da der Täter sich damit aller Berechenbarkeit entzieht. In

Richis als Detektiv

dieser desolaten Situation wird als Detektivfigur Antoine Richis eingeführt, und für einige Kapitel spielt Süskind mit den Elementen des Detektivromans. Zu seiner Detektivarbeit berufen fühlt sich Richis durch die ans Inzestuöse grenzende Liebe zu seiner Tochter Laure, die in das Gestaltschema der Opfer nicht nur passt, sondern dessen „Schlußstein“ (S. 259) wäre. In einem ausführlich

Analytische Reflexion

dargestellten analytischen Reflexionsprozess nähert sich der Detektiv Richis der Strategie des Täters bis auf wenige Schritte.

Elemente des Thrillers

Nach der aus Richis' Sicht erfolgreichen Aufdeckung beginnt der Roman nun, mit den Handlungs- und Darstellungselementen des Thrillers zu arbeiten. Doch die anschließende Verfolgungsjagd ist in mehr als einer Hinsicht ein parodistisches Spiel mit diesem Genre: Nicht den Täter zu verfolgen und dingfest zu machen, ist das Ziel des Detektivs Richis, er selbst übernimmt die Rolle des Fliehenden, um sich trotz all seiner klug ausgedachten Finten von dem ihn verfolgenden Täter einholen zu lassen.

Paradoxie der Flucht

Schließlich ist als ironische Verkehrung der Rollen der verfolgende Täter Grenouille noch vor dem fliehenden Detektiv Richis am Tatort in La Napoule (vgl. S. 270), und Richis hat als Gipfel der Ironie die Gelegenheit, bei einer Begegnung mit dem Täter sich von dessen vermeintlicher Harmlosigkeit zu überzeugen (vgl. S. 270 f.). Die Paradoxie des Fluchtgeschehens findet schließlich im Gasthaus von La Napoule ihren Höhepunkt. Im verschlossenen Zimmer eines einsamen Landhauses, auch dies ein klassischer Tatort der Kriminalliteratur, wird Laure Richis ermordet, während ihr Vater, sich am Ende seiner kriminalistischen Arbeit wähnend, in tiefen Schlaf gefallen ist.

Spiel mit Versatzstücken

Liest man „Das Parfum" vor der Folie traditioneller Romanarten wie des Entwicklungs- und Bildungsromans, so wird deutlich, dass Süskind nicht etwa nur erfolgreiche Gattungen der literarischen Tradition ausbeutet, sondern mit bekannten Versatzstücken ein ironisches Spiel, eine Art Maskerade inszeniert. Es spricht für die Qualität des Romans, dass Handlungsstereotypen wie die des Kriminalromans im neuen Kontext der „Geschichte eines Mörders" neue Funktionen übernehmen. Vordergründig für Spannung sorgend, entwickeln sie durch ihre intertextuelle Vernetzung im Hintergrund eine Fülle neuer Deutungsfacetten: Ein ironischer Kommentar des Autors wird sichtbar, und das Geschehen öffnet sich für parodistische, ja paradoxe Effekte.

Literaturhinweise

Textausgaben

Hoffmann, E.T.A.: Das Fräulein von Scuderi. Erzählung aus dem Zeitalter Ludwig des Vierzehnten. Stuttgart: Reclam, 1976.

Kleist, Heinrich von: Michael Kohlhaas. (1810) In: Sämtliche Werke. Berliner Ausgabe. Bd. 2,1. Frankfurt a. M.: Stroemfeld, 1990.

Süskind, Patrick: Das Parfum. Die Geschichte eines Mörders. Zürich: Diogenes, 1985.

Zu Süskinds Roman „Das Parfum" allgemein

Delseit, Wolfgang/Drost, Ralf: Patrick Süskind, „Das Parfum". Erläuterungen und Dokumente. Stuttgart: Reclam, 2000. (Reclams Universal-Bibliothek 16018.)

Frizen, Werner: Das gute Buch für jedermann oder Verus Prometheus. Patrick Süskinds „Das Parfum". In: Deutsche Vierteljahresschrift für Literaturwissenschaft und Geistesgeschichte 68 (1994) S. 757–786.

Frizen, Werner/Spancken, Marilies: Patrick Süskind, „Das Parfum". München: Oldenbourg, 1996.

Hallet, Wolfgang: Das Genie als Mörder. Über Patrick Süskinds „Das Parfum". In: Literatur für Leser (1989). Heft 1. S. 275–288.

Zur Thematik

Beer, Ulrich/Naujokat, Gerhard: Führen in Deutschland. Massenpsychologie zwischen Manipulation und menschlicher Verantwortung. Moers: Brendow, 1986.

Canetti, Elias: Masse und Macht. Frankfurt a. M.: Fischer Taschenbuch Verlag, 1980.

Corbin, Alain: Pesthauch und Blütenduft. Eine Geschichte des Geruchs. Berlin: Wagenbach, 1984.

Farge, Arlette: Familienehre und Familiengeheimnisse. In: Ariès, Philippe/Duby, Georges (Hrsg.): Geschichte des privaten Lebens. Bd. 3: Von der Renaissance zur

Aufklärung. Frankfurt a. M.: S. Fischer, 1991. S. 573–609.

Jellinek, Paul: Die psychologischen Grundlagen der Parfümerie. 4., stark erweiterte Aufl. Hrsg. von J. Stephan Jellinek. Heidelberg: Hüthig, 1994.

Kant, Immanuel: Anthropologie in pragmatischer Hinsicht. In: Werke in 6 Bänden. Hrsg. von Wilhelm Weischedel. Bd. 6. Darmstadt: Wissenschaftliche Buchgesellschaft, 1964.

Mercier, Louis-Sébastien: Tableau de Paris. Bilder aus dem vorrevolutionären Paris. Zürich: Manesse, 1990.

Mitscherlich, Alexander und Margarete: Die Unfähigkeit zu trauern. Grundlagen kollektiven Verhaltens. Neuausgabe. München: Piper, 1977.

Morris, Edwin T.: Düfte. Kulturgeschichte des Parfums. Solothurn und Düsseldorf: Walter, 1993.

Schmidt, Jochen: Die Geschichte des Genie-Gedankens in der deutschen Literatur. Philosophie und Politik 1750–1945. 2 Bde. 2., durchgesehene Aufl. Darmstadt: Wissenschaftliche Buchgesellschaft, 1988.

Zur Erzählweise

Eco, Umberto: Nachschrift zum „Namen der Rose“. München: Deutscher Taschenbuch Verlag, 1986.

Hoesterey, Ingeborg: Verschlungene Schriftzeichen. Intertextualität von Literatur und Kunst in der Moderne/Postmoderne. Frankfurt a. M.: Athenäum, 1988.

Ryan, Judith: Pastiche und Postmoderne. Patrick Süskinds Roman „Das Parfum“. In: Lützeler, Paul Michael (Hrsg.): Spätmoderne und Postmoderne. Beiträge zur deutschsprachigen Gegenwartsliteratur. Frankfurt a. M.: Fischer Taschenbuch Verlag, 1991. S. 91–103.

Zu den Romanformen

Dilthey, Wilhelm: Das Erlebnis und die Dichtung. Lessing, Goethe, Novalis, Hölderlin. 16. Aufl. Göttingen: Vandenhoeck & Ruprecht, 1985.

Nusser, Peter: Der Kriminalroman. 2., überarbeitete und erweiterte Aufl. Stuttgart und Weimar: Metzler, 1992.

Selbmann, Rolf: Der deutsche Bildungsroman. 2., überarbeitete und erweiterte Aufl. Stuttgart und Weimar: Metzler, 1994.

Rezensionen

Kaiser, Joachim: Viel Flottheit und Phantasie. Patrick Süskinds Geschichte eines Monsters. In: Süddeutsche Zeitung Nr. 74. 28. März 1985.

Matt, Beatrice von: Das Scheusal als Romanheld. Zum Roman „Das Parfum“ von Patrick Süskind. In: Neue Zürcher Zeitung (Fernausgabe) Nr. 61. 15. März 1985.

Reich-Ranicki, Marcel: Des Mörders betörender Duft. Patrick Süskinds erstaunlicher Roman „Das Parfum“. In: Frankfurter Allgemeine Zeitung Nr. 52. 2. März 1985.

Schütte, Wolfram: Parabel und Gedankenspiel. Patrick Süskinds erster Roman „Das Parfum“. In: Frankfurter Rundschau Nr. 81. 6. April 1985.

Stadelmaier, Gerhard: Lebens-Riechlauf eines Duftmörders. Patrick Süskinds Roman „Das Parfum – Die Geschichte eines Mörders“. In: Die Zeit Nr. 12. 15. März 1985.

Prüfungsaufgaben und Lösungen

Die Beispiele beziehen sich auf folgende Themen und Textauszüge:

I Grenouille auf dem Holzstapel:
Reichtum der Gerüche – Armut der Sprache
(5. Kap., 31,29–34,16)

II Grenouilles erster Mädchenmord:
„Kompass für sein künftiges Leben"
(8. Kap., 55,9–58,6)

III Der Parfumeur Baldini:
Ein Gegner der Aufklärung
(11. Kap., 72,18–76,14)

IV Grenouille in der Felsengruft:
Intertextuelle Bezüge zum Gedicht „Hiroshima"
von Marie Luise Kaschnitz
(2. Teil, 25. Kap., 156,8–158,17)

V Antoine Richis: Dem Mörder auf der Spur?
Elemente des Kriminal- und Detektivromans
(42. Kap., 257,13–260,11)

VI Grenouilles Triumph in Montpellier
und sein Zusammenbruch in Grasse
(32. Kap., 197,5–199,10; 49. Kap., 304,3–306,30)

VII Grenouille:
„In jeder Faser vom Erdboden verschwunden"
Provozierende Aspekte des Romans
(51. Kap., 317,22–320,32)

VIII „Das Parfum" im Spiegel der Kritik:
Rezensionen von Marcel Reich-Ranicki und Beatrice von Matt

I Grenouille auf dem Holzstapel: Reichtum der Gerüche – Armut der Sprache

Textstelle: 5. Kap., 31,29–34,16

Aufgabe:

Analysieren Sie den Textauszug im Kontext des Romans. Legen Sie dabei einen Schwerpunkt auf die Darstellungsweise und die Bedeutung der Ereignisse für die weitere Entwicklung Grenouilles.
Nehmen Sie Stellung zu der Aussage des Erzählers, dass zwischen dem Reichtum der Geruchswelt und der Armut der Sprache ein Missverhältnis bestehe, und bewerten Sie unter diesem Aspekt, ausgehend von der vorliegenden Textstelle, seine Strategien der Geruchsbeschreibung.

1. Kontext und Aufbau

- Die dargestellten Ereignisse sind in die Zeit von Grenouilles Aufenthalt bei Mme Gaillard einzuordnen. Der zwischen vier und sechs Jahre alte Grenouille hat alle feindlichen Anschläge der anderen Pflegekinder überstanden, es erweisen sich bereits sein zäher Überlebenswille und seine robuste Konstitution. Mit Mühe artikuliert er erste Wörter. Im Anschluss an den Textauszug wird zeitraffend seine außergewöhnliche Fähigkeit beschrieben, Gerüche analytisch aufzuspalten, zu speichern und zu sammeln. Als diese Fähigkeit zu Tage tritt, wird Grenouille Mme Gaillard unheimlich, und sie verkauft den Achtjährigen an den Färber Grimal.
- Der Textausschnitt weist eine deutlich erkennbare, auf einen dramatischen und gedanklichen Höhepunkt zusteuernde Gliederung auf:
  a) Darstellung der Situation: Grenouille sitzt in der Märzsonne an der Südseite des Schuppens der Mme Gaillard auf einem Holzstoß und lässt die unterschiedlichen Geruchsnuancen auf sich einwirken (31,29–32,14).
  b) Schilderung eines dramatischen Geschehens: Grenouille saugt den Geruch des Holzes in sich ein und füllt sich mit ihm an, bis er fast selbst zu Holz wird und erst kurz vor dem Ersticken das Wort „Holz“ unter Qualen „hervorwürgt“ (32,15–33,5).
  c) Kommentierende Information des Erzählers: Grenouilles Sprachlernprozess konzentriert sich fast ausschließlich auf Gegenstände, die einen Geruch ausströmen; Abstrakta wie moralische und ethische Begriffe erschließen sich ihm nicht (33,6–33,14).
  d) Pointierte Reflexion des Erzählers: Die „gängige“ Sprache hätte nicht gereicht, um Grenouilles olfaktorisches Differenzierungsvermögen auszudrücken. Das Missverhältnis zwischen Reichtum der Gerüche und

Armut der Sprache habe den verzweifelten Grenouille dazu getrieben, sich sprachlich auf das Nötigste zu beschränken (33,15–34,16).

2. Darstellungsweise

- Beispielhaft deutlich wird in dieser Textstelle Süskinds Fähigkeit, dramatische Höhepunkte effektvoll zu gestalten, gleichzeitig aber auch ironisch zu brechen. Wie intensiv und kreatürlich Geruchsempfindungen auf den jungen Grenouille einwirken, macht der Erzähler in einer als Klimax ausgiebig angelegten Aufzählung, einer Enumeratio, erfahrbar: Zunächst „riecht" Grenouille nur das Holz, „trinkt" den Duft, „ertrinkt" darin, „imprägniert" sich mit ihm „bis in die letzte innerste Pore", wird selbst zu Holz (vgl. 32,18–23). Die bewusste Überzeichnung, die Hyperbel, wird noch weiter getrieben, indem Grenouille zur „hölzernen Puppe", zum „Pinocchio" wird und nach einer leblos verbrachten halben Stunde das Wort „Holz" aus sich herauswürgt (vgl. 32,18–26).
- Gleichzeitig wird aber auch der spielerische Charakter dieser hoch dramatischen Inszenierung angedeutet: Wenn es anschließend heißt, Grenouille sei mit Holz angefüllt „bis über beide Ohren", das Holz stünde ihm schon „bis zum Hals" (32,26–28), so sendet die verfremdende Abwandlung gängiger Redensarten genügend Ironiesignale. In diese Richtung sind auch die unvermittelten Wechsel der Stilebene zu deuten, offenkundig in Formulierungen wie „so kotzte er das Wort heraus" (32,29), „er rappelte sich auf" (32,32) oder die im Bildbereich bleibende Bemerkung, Grenouille sei „wie auf hölzernen Beinen" (33,1 f.) davongewankt. So erlebt der Leser einerseits eine hochgradig spannende Szene, andererseits bekommt er aber auch die Möglichkeit geboten, die spielerischen Nuancen dieser Inszenierung zu durchschauen.

3. Bedeutung für die Entwicklung Grenouilles

- Grenouilles Konzentration seiner Sinne auf das olfaktorisch Erlebbare, der radikale, alles andere vernachlässigende Ausbau seines genialen Geruchssinns erhält hier eine argumentative Begründung. Grenouilles Zweifel an der Funktion und dem Sinn der Sprache wird, eine fast schon überzogene Rationalisierung, als Begründung für seine Vernachlässigung des Lernens im konventionellen Sinne angeführt. Damit ist auch der Erklärungszusammenhang dafür angelegt, dass Grenouille, nie mit den moralischen Grundlagen der Gesellschaft in Berührung gekommen, menschliches Leben nicht achtet. So kann er morden, ohne sich bewusst zu werden, gegen die grundsätzlichsten Gesetze menschlichen Zusammenlebens zu verstoßen; so bleiben ihm Schuldgefühle unbekannt.

4. Stellungnahme und Bewertung der Strategien der Geruchsbeschreibung

- Der Erzähler geht in seiner Schlussfolgerung, der Reichtum der Geruchswelt stünde in einem grotesken Missverhältnis zur Armut der Sprache, von der olfaktorischen Wahrnehmungsfähigkeit Grenouilles aus. Grenouille lernt, das Holz, die Milch, den in „hundert Einzeldüften schillernden" Rauch (vgl. 34,1 f.) in einzelne Geruchsnuancen zu zerlegen und überschreitet damit die Möglichkeiten sprachlichen Ausdrucks. Vor der Folie der sich hier abzeichnenden olfaktorischen Genialität ist dieses Missverhältnis sicherlich als „grotesk" (vgl. 34,10), als fast schon in monströser Weise komisch zu bezeichnen.
- Aber auch ohne die monströse olfaktorische Sichtweise Grenouilles zu übernehmen, lässt sich behaupten, dass die Sprache für eine differenziertere Beschreibung von Gerüchen und Düften nur einen sehr schmalen spezifischen Wortschatz bereithält. Dies lässt sich historisch begründen, wobei der Romankontext in Ansätzen Erklärungszusammenhänge bietet. So bezeichnet der von seinem Fundus klassischer Bildung zehrende Pater Terrier das Geruchsorgan des Menschen als „primitiv", d.h. als wenig entwickelt, und den Geruchssinn als den „niedrigsten der Sinne" (vgl. 20,1 f.) und zitiert als Beleg den Ausspruch „Es sieht der Narr mit der Nase" (20,12 f.). Diese traditionelle Abwertung des Geruchssinns, nur zu verständlich angesichts des Gestanks, der noch im 18. Jahrhundert die Straßen, Häuser und Salons von Paris durchzog, hat die semantische Ausdifferenzierung einer Sprache der Gerüche und Düfte eingeschränkt.
- Vor diesem Hintergrund ist zu bewerten, mit welchen Strategien der Erzähler eines Romans, dessen Protagonist über geniale Fähigkeiten der Geruchswahrnehmung verfügt, Geruchsimpressionen wiedergibt und analysiert. Einen einfachen Ausgangspunkt bietet bereits der vorliegende Textauszug, wenn der Geruch der unterschiedlichen Schichten des Holzstapels als „brenzlig süß", durch Adjektivierung des Geruchsträgers als „moosig" und, auf die Konsistenz des Geruchsträgers anspielend, als „bröseliger Harzduft" (32,11–14) beschrieben wird. Hier arbeitet der Erzähler konventionell mit dem einfachen Geschmacks- und Geruchsadjektiv „süß" und mit Anlehnungen an allgemein bekannte Geruchsträger wie Moos und Harz, wobei ihm eine sicherlich gut nachvollziehbare Beschreibung gelingt. Für eine umfassendere Bewertung der Geruchsbeschreibungen ist es nahe liegend, sich einer der differenziertesten Duftbeschreibungen zuzuwenden: auf den Duft des Mirabellen entkernenden Mädchens aus der Rue des Marais. Hier konstruiert der Erzähler ein Duftpanorama mit dem geballt angewendeten Stilmittel des Vergleichs, wobei es vor allem die ausgeschlossenen Duftsubstanzen („aber nicht die Frische der Limetten oder Pomeranzen, nicht die Frische von Myrrhe oder Zimtblatt", 52,8–10) sind,

die die Vergleiche prägen und eine überwältigende olfaktorische Fülle entstehen lassen. Das Spiel mit der Konstruktion eines Geruchseindrucks und seiner anschließenden Dekonstruktion wird im Verlauf der Beschreibung immer schroffer („Dieser Geruch war eine Mischung aus beidem, aus Flüchtigem und Schwerem, keine Mischung davon, eine Einheit [...] wie ein Stück dünner schillernder Seide ... und auch wieder nicht wie Seide, sondern wie honigsüße Milch, in der sich Biskuit löst“, 52,15–21), bis der Erzähler am Ende als Pointe seine eigene Duftbeschreibung ironisiert („was ja nun beim besten Willen nicht zusammenging: Milch und Seide!“, 52,21 f.). Mit variabel gestalteten Formen des Vergleichs und des Ausschließens und mit Synästhesien (Verbindung unterschiedlichster Sinneseindrücke) schafft der Erzähler ein suggestives Dufttableau, dem sich der Leser nur schwer entziehen und dem man seine ästhetische Qualität kaum absprechen kann.

II Grenouilles erster Mädchenmord: „Kompass für sein künftiges Leben"

Textstelle: 8. Kap., 55,9–58,6

Aufgabe:

Analysieren Sie den Textauszug unter Berücksichtigung des Romankontexts. Legen Sie dabei einen Schwerpunkt auf die Erzählweise.
Setzen Sie sich, ausgehend von dieser Textstelle, mit dem kritischen Einwand auseinander, der Roman verherrliche das Verbrechen als Mittel zur künstlerischen Selbstverwirklichung.

1. Kontext und Aufbau

- Da er seine Widerstandskraft schätzen gelernt hat, räumt der Färber Grimal Grenouille mit zwölf Jahren einen halben freien Sonntag, mit dreizehn einen abendlichen Ausgang von einer Stunde ein. Grenouille nutzt die Zeit zu ausgedehnten Streifzügen, auf denen er neue Gerüche, in feineren Stadtvierteln auch edle Düfte sammelt. Während eines Feuerwerks zum Jahrestag der Thronbesteigung des Königs entdeckt er eine Duftspur, die alles bisher Gerochene übertrifft, der er mit zunehmender Erregung folgt und die ihm zu einem Mirabellen entkernenden Mädchen in der Rue des Marais führt. Im Anschluss an den vorliegenden Textauszug nimmt Grenouille einen Botengang zum Anlass, sich beim Parfumeur Baldini vorzustellen und als genialer, aber unkonventionell arbeitender Parfumeur unentbehrlich zu machen.
- Der Aufbau des Textauszugs ist von einem auffälligen Wechsel von Handlungsbeschreibung und Erzählerkommentar, von Innensicht und Außensicht der beteiligten Personen geprägt.
- Der Erzähler entwickelt und interpretiert Grenouilles Willen, den Duft des Mädchen zu besitzen, und erhöht durch die Betonung von Grenouilles Radikalität die Spannung auf das folgende Geschehen (55,9–18).
- Grenouilles Annäherung an das Mädchen und das Einsaugen ihres Dufts wird unterbrochen durch eine Beschreibung ihrer Gestalt (55,19–30).
- Darstellung und psychologische Kommentierung der Angstgefühle des Mädchens (55,31–56,6).
- Schilderung der Mords und der sorgfältigen Aneignung des Dufts (56,7–57,7).
- Interpretierende Information des Erzählers: Grenouilles Empfindung von Glückseligkeit, Gefühl, neu geboren zu werden und ein Genie zu sein. Grenouille findet sein Lebensziel (57,8–58,6).

2. Erzählweise

- Auffallend ist an dieser Textstelle, dass der Erzähler den eigentlichen Mordvorgang nur ganz am Rande in wenigen Nebensätzen erwähnt. Mit der Bemerkung, Grenouille habe viel Zeit, „ihr seine Hände um den Hals zu legen" (56,8), ist die damit verfolgte Intention noch nicht eindeutig. Gewissheit erhält der Leser erst durch den beiläufig eingeschobenen Nebensatz „während er sie würgte" (56,14) und die Feststellung „als sie tot war" (56,16). Der eigentliche Mordvorgang vollzieht sich wie beiläufig, in merkwürdig unheimlicher Stille, während demgegenüber alle Vorgänge der Duftaufnahme ausführlich dargestellt werden. Dies entspricht der Wahrnehmungsweise Grenouilles, dem, wie auch die Beschreibung des letzten Mädchenmords zeigt, ausschließlich die Duftgewinnung wichtig ist.
- So wird der Vorgang von Grenouilles Geruchseroberung, sein Abriechen des Mädchenkörpers, ebenso detailliert beschrieben wie das Abspeichern der Geruchsnuancen in seinen „innern Schotten" (56,30). Dabei behandelt Grenouille die Düfte wie eine kostbare fluide Substanz. Von einem „Duftstrom" (56,17 f.) ist die Rede, von einer „Flut", die ihn mit ihrem Wohlgeruch „überschwemmt" (vgl. 56,18 f.). Er fühlt sich „übervoll" (56,29), will von ihrem Duft nichts „verschütten" (56,30) und deshalb seine inneren Schotten dicht verschließen. Schon hier geht Grenouille, der der Duftspur in höchster innerer Erregung gefolgt ist, bei der Duftgewinnung und -konservierung sorgfältig und überlegt vor, lässt sich sogar die Zeit, „sich zu versammeln" (56,28) und schließlich auch noch die Kerze auszublasen (vgl. 56,31).
- Umrahmt und unterbrochen wird die Schilderung von Grenouilles Begegnung mit dem Mädchen und der „Gewinnung" ihres Dufts von interpretierenden Kommentaren des Erzählers, der sich gelegentlich in abruptem Wechsel in die Personen hineinversetzt: „Ihm war noch nie so wohl gewesen. Dem Mädchen aber wurde es kühl." (55,29 f.) In seinem ersten interpretierenden Kommentar knüpft der Erzähler an die zu Beginn des Romans bereits vollzogene Bewertung Grenouilles als „Scheusal" wieder an, indem er vom „Kuddelmuddel seiner schwarzen Seele" (55,15) spricht, in die er das im Gegensatz dazu „apotheotische Parfum" (55,14) pressen möchte. In der den Textauszug abschließenden Reflexion greift der Erzähler den Begriff des „genialen Scheusals" (vgl. 57,31) noch einmal auf und deutet die Seele solcher Scheusale wie Grenouille als „Spiralenchaos" (57,32). Die damit vollzogene Kritik erhält durch die skurrilen Begriffe („Kuddelmuddel", „Spiralenchaos") allerdings ein ironische Brechung.
- Der interpretierende Erzähler, der sich auch als psychologisch geschult erweist (vgl. 55,32–56,4), schildert abschließend Grenouilles Seelenzustand als Moment höchster Glückseligkeit und Augenblick der Existenzerhellung. Durch Rhythmisierung der Sprache („nämlich nichts anderes als ein Ge-

nie“, 57,19) hebt er Glanzpunkte der Erkenntnis heraus. Wenn er jedoch betont, Grenouille wolle nichts weniger als „der größte Parfumeur aller Zeiten“ (58,6) werden, so wird durch diese Formulierung eine deutliche Nähe zu Hitler suggeriert, dessen Verherrlichung als „der größte Feldherr aller Zeiten“ zu einer populären Formel wurde.

3. Verherrlichung des Verbrechens zum Zweck künstlerischer Selbstverwirklichung?

- Ausgehend von der vorliegenden Textstelle lässt sich argumentieren: Kritische Wertungen des Erzählers sind zwar erkennbar, doch bleiben sie entweder floskelhaft oder sind in eine sprachliche Form gekleidet, die eher den Eindruck einer spielerisch-ironischen Pflichtübung erweckt, als dass sie eine wirkliche Distanznahme des Erzählers gegenüber der Figur Grenouille erkennen ließe. Die meisten Interpretationen und Wertungen seines Verhalten rücken Grenouille vielmehr in das Licht eines übermenschlich begabten Wesens, das zu jeder Entbehrung und Anstrengung bereit ist, sein einmal gefundenes Lebensziel zu verwirklichen. Aus den untersten Schichten durch eine glückliche Fügung überlebend, weiß er mit äußerster Zähigkeit und, wie er selber erkennt, vom Schicksal begünstigt die ihm gebotenen Chancen zu nutzen, um schließlich in einem glorreichen Auftritt über seine Mitmenschen zu triumphieren. Sein Lebensskript weist sicherlich viele Aspekte auf, die in unserer Gesellschaft positiv bewertet werden.
- Hinzu kommt, dass die von ihm verübten Morde nur am Rande Erwähnung finden, in Nebensätze kaschiert oder hinter den handwerklichen Beschreibungen der Duftgewinnung verborgen. Oder es wird in ironischem Spiel auf die Sensibilität Grenouilles verwiesen, der den Schlag auf den Hinterkopf seines letzten Opfers Laure Richis kaum ertragen kann, weil er das „Geräusch in seinem ansonsten lautlosen Geschäft“ (275,5 f.) hasst. Allenfalls mit nüchterner Sachlichkeit werden die Morde in Grasse erwähnt, während die Panik der Bürger noch in ihren groteskesten Zügen geschildert wird. Zwar endet Grenouille, in der Verzweiflung darüber, von den Menschen nicht „in seiner wahren Existenz zur Kenntnis genommen“ (306,21 f.) zu werden, in selbst gewähltem Untergang, doch ist sein Tod ein so makaberes Spektakel, dass er nicht ernsthaft als Sühne für 26 Morde in Betracht gezogen werden kann.
- Dem lässt sich entgegenhalten, dass es nicht Aufgabe der Literatur sein kann, Moralerziehung zu betreiben. Ein Romanautor kann sich auf den gesellschaftlichen Konsens stützen, dass Mord auch mit dem Motiv einer künstlerischen Selbstverwirklichung des Individuums Mord bleibt. Der Roman lässt sich daher lesen als die Geschichte eines einseitig begabten Menschen, der dem Wahn seiner Genialität verfällt und ohne Bildung und ohne

Kontakt zu seiner Umwelt sich in keine menschlichen Normen einfügt. Es ist von einem Roman, der dem ironischen Spiel postmoderner Ästhetik verpflichtet ist, nicht zu erwarten, dass er seine Vielschichtigkeit, seinen Reichtum an Andeutungen und Anspielungen, an Lesemöglichkeiten und Verstehensebenen zu Gunsten eines eindeutigen moralischen Standpunkts aufgibt.

III Der Parfumeur Baldini: Ein Gegner der Aufklärung

Textstelle: 11. Kap., 72,18–76,14

Aufgabe:

Analysieren Sie den Textauszug im Kontext des Romans. Berücksichtigen Sie dabei besonders die von Baldini vertretene Denkweise.
Bewerten Sie vor dem Hintergrund des Textauszugs Baldinis Verhalten im Verlauf des Romans.

1. Kontext und Aufbau

- Baldini, ehemals renommierter Parfumeur und Handschuhmacher, erlebt mit dem Aufkommen seines mit immer neuen Düften auftrumpfenden Konkurrenten Pélissier einen absehbaren Niedergang seines Geschäfts. Baldini steht nun vor der Aufgabe, für den Grafen Verhamont ein Stück Leder zu beduften, und plant, mangels eigener Kreativität das neue Parfum „Amor und Psyche" von Pélissier zu analysieren. Im Anschluss an die Textstelle resigniert Baldini, fasst den Entschluss, sein Geschäft zu verkaufen und sich zurückzuziehen. Da erscheint am Abend Grenouille und stellt seine Genialität unter Beweis.
- In Form einer durchgehenden erlebten Rede wird in der vorliegenden Textstelle eine in Gedanken vollzogene Polemik wiedergegeben, mit der sich Baldini gegen die Neuerungen seiner Zeit zur Wehr setzt. Die Polemik entzündet sich an Baldinis Konkurrenz zu Pélissier. Baldini sieht die Ursachen seines Niedergangs in der „Neuerungssucht" seiner Zeit, deren Erscheinungsformen er in einer wütenden Tirade aufzählt (72,18–72,31). Sie lässt sich wie folgt gliedern:
  a) Geschwindigkeits- und Expansionswahn der Menschen: Den Ausbau des Verkehrwesens hält Baldini für unsinnig, da zivilisierte Menschen in der Ferne nichts zu suchen hätten. Der Bau von Kriegsschiffen verschlinge nur Steuergelder (72,32–73,25).
  b) Aufwieglerische Arbeit der Wissenschaftler und Philosophen: Während Pascal noch ein großer Philosoph gewesen sei, würden die heutigen Wissenschaftler und Philosophen anerkannte Wahrheiten verdrehen, sich in alles forschend einmischen. Er nennt eine Anzahl illustrer Vertreter der Aufklärung in Frankreich und unterstellt ihnen, sie versuchten nur das Chaos in ihren Köpfen auf die gesamte Gesellschaft auszudehnen (73,26–74,26).

c) Verbreitung neuer Sitten und Erkenntnisse: Baldini kritisiert das vermehrte Lesen von Büchern, lockere Sitten der Priester, die zu lasche Justiz und die Salons, in denen nur noch über neue Erkenntnisse der Wissenschaften gesprochen würde (74,27–75,6).
d) Demonstration vor dem König: Selbst der König habe sich Experimente mit elektrischen Entladungen vorführen lassen, was sein Urgroßvater niemals erlaubt hätte (75,7–17).
e) Zweifel an Gott und Monarchie: Wenn die Existenz und die Notwendigkeit Gottes und der „gottgewollten Monarchie" in Zweifel gezogen würden und der Komet von 1681 nicht mehr als eine Warnung Gottes gedeutet werde, dann versinke die Menschheit in ihrem „politischen und religiösen Sumpf". In ihm könnten, und damit findet der polemische Exkurs wieder zum Anfang zurück, nur Existenzen wie Pélissier gedeihen (75,18–76,14).

2. Baldinis Denkweise und ihr sprachlicher Ausdruck

- Die sich in dieser Polemik manifestierende Denkweise Baldinis ist geprägt von seiner geschäftlichen wie psychischen Situation; er argumentiert aus einer doppelten Not heraus: Als in seiner Zunft eingebundener Handwerker hat er zwar sein Metier verstanden, doch fehlte und fehlt ihm die Kreativität. Er erlebt den rasanten Erfolg eines Konkurrenten, der das Handwerk zwar nicht zunftgerecht erlernt hat, aber über unerschöpflichen Einfallsreichtum verfügt und jetzt die Gesellschaft mit seinen Kreationen bedient. Gleichzeitig liegt Baldini der Arbeitsauftrag eines einflussreichen Adligen vor, dem gegenüber er seinen guten Ruf zu verteidigen hat. Dies treibt ihn zu einem konfusen polemischen Rundumschlag, in dessen Verlauf er die Ursachen für seine Misere in vermeintlichen gesellschaftlichen Missständen und Fehlentwicklungen, nicht aber bei sich selbst sieht.
- Seinem gesellschaftlichen Stand entsprechend nimmt Baldini offensichtlich teil an der Entwicklung der Wissenschaften und registriert gesellschaftliche Veränderungen. Doch erweist sich sein Wissen als bruchstückhaft und flüchtig angeeignet, und er verfährt mit ihm nach eigenem Gutdünken. Pascal kann er zwar zitieren, doch rückt er ihn mit der Bemerkung „ein Frangipani des Geistes, ein Handwerker" (73,29 f.) gnadenlos in seinen Horizont. Die Namen der großen Philosophen der Aufklärung weiß er zwar zu nennen, unterstellt ihnen aber ein kleinliches Schreibmotiv, „die schiere Lust am Nichtzufriedensein", ein „Sichnichtbegnügenkönnen" (vgl. 74,23 f.). Er entwertet epochale Unternehmungen als „sogenannte wissenschaftliche Großwerke", diffamiert wissenschaftliche Ergebnisse mit der lapidaren Bemerkung „als ob es darauf ankäme", die Forschung mit Sätzen wie „In jedem Bereich wird gefragt und gebohrt und geforscht und geschnüffelt und herumexperimentiert." Die Enge seines Denkens führt

gelegentlich zu humoristischen Pointen, wenn er z. B. formuliert: „Gott soll die Welt nicht an sieben Tagen erschaffen haben, sondern in Jahrmillionen, wenn er es überhaupt war." (74,7–9)

- Baldini erweist sich weiterhin als Meister der Verallgemeinerung („Nichts mehr soll stimmen, alles soll jetzt plötzlich anders sein", 74,2 f., oder: „schon die ganze Geisteshaltung ist verderblich", 73,24 f.), produziert Feindbilder („die verfluchten Engländer, die impertinenten Holländer", 73,15 f.), dokumentiert kulturelle Überheblichkeit („Was hatte der zivilisierte Mensch im Urwald der Indianer verloren oder bei den Negern", 73,8 f., oder: „Leute lasen Bücher, sogar Frauen", 74,27 f.) und entwirft abschließend noch eine beeindruckende apokalyptische Vision, in der von „Auflösung", „Zersetzung", „Sumpf" die Rede ist, „in dem nur noch schillernde und stinkende Sumpfblüten gediehen wie dieser Pélissier!" (vgl. 76, 9–14)
- Süskind hat mit dieser Tirade Baldinis ein gelungenes Psychogramm eines in seiner Existenz bedrohten Bürgers zur Zeit der Aufklärung geschaffen, der, in seiner Denkweise beschränkt, weitgehend verständnislos und ohne die Situation seiner Zeit zu durchschauen, diffuse Feindbilder und Untergangsszenarien entwirft, um sich über seine eigene Unfähigkeit hinwegzuhelfen. Die zahlreichen Übertreibungen, witzigen und ironischen Pointierungen („Sogar nach Lappland gingen sie, das lag im Norden, im ewigen Eise, wo Wilde lebten, die rohe Fische fraßen", 73,9–11) geben dem Text einen satirischen Charakter, stilistisch unterstützt durch unzählige Satzbrüche, unmotivierte Gedankensprünge, emphatisch vorgebrachte rhetorische Fragen (vgl. 72,32–73,5) und Ausrufe (72,23 f.; 72,32; 74,13 und 21; 75,16 f. und 31; 76,14), die dem Text seine Lebendigkeit und den Anschein der Authentizität verleihen.

3. Bewertung von Baldinis Verhalten im Verlauf des Romans

- In seiner ersten Begegnung mit Grenouille erweist sich Baldini zunächst als herablassend und belehrend, angesichts von Grenouilles selbstbewusster Behauptung, „alle Gerüche der Welt" (96,1 f.) zu kennen und Pélissiers Parfum „Amor und Psyche" in zehn Minuten mischen zu können (vgl. 99,8–11), reagiert er auch mit ironischer Distanz und gibt Grenouille zu verstehen, er könne hier „durch ein eklatantes Scheitern die Tugend der Bescheidenheit" (100,20–22) lernen. Als Baldini mit Grenouilles anarchischer Genialität konfrontiert wird, geschieht für ihn das, was er der Kultur seiner Zeit zuvor vorgeworfen hat: Die parfümistische Weltordnung wird auf dem Kopf gestellt (vgl. 104,17 f.). Erst nachdem sich Baldini von einem anschließenden „apathischen Zustand" (109,28) erholt hat, realisiert er die geschäftlichen Möglichkeiten, die Grenouilles Arbeit ihm bietet, und beginnt mit einer systematischen Ausbeutung seiner Genialität. Zwar vermittelt er Grenouille nach und nach das Handwerkszeug seiner parfümistischen Zunft und sichert ihm so seine spätere bürgerliche Existenz in Grasse, doch ist Baldinis Profit aus der Verbindung mit Grenouille um ein Vielfaches größer.

- Mit Grenouilles Ausbeutung verabschiedet sich Baldini von den zuvor noch hochgehaltenen Prinzipien seines Handwerks. Er entwickelt neue Formen der Arbeitsteilung, expandiert in kapitalistischer Manier, liefert seine Duftstoffe an ausländische Höfe, in zuvor noch geschmähte Länder wie England und Holland. Zu welchem Maß an ausbeuterischem Verhalten Baldini fähig ist, zeigt sich noch einmal deutlich, als Grenouille schier unheilbar erkrankt: Außer sich vor Wut hadert Baldini mit seinem Schicksal, denn er hätte Grenouille noch „ausplündern können wie eine Silbermine, wie einen Goldesel" (134,14f.). Schäbig sind auch das lächerlich geringe Weggeld und die Bedingungen, unter denen Baldini seinem „Lehrling" den Gesellenbrief überreicht.
- Mit Baldini hat Süskind eine Randfigur geschaffen, die auf groteske Weise enges, wankelmütiges und auf eigenen Profit bedachtes Denken und Handeln repräsentiert. Soeben noch aus Not und eigener Unfähigkeit heraus die Errungenschaften der Aufklärung kritisierend, macht er sich einen günstigen Zufall zu Nutze, ignoriert alle Regeln der Zunftordnung und profitiert von jenem kulturellen Forschritt, dessen verbissener Gegner er eben noch gewesen ist. Dem nicht genug: Nachträglich macht er sich noch bewusst, dass es ihm bei all dem Treiben nie ganz geheuer gewesen sei und dass seine Abweichungen von den Gesetzen seiner Zunft eigentlich so groß nicht gewesen, ja vielleicht sogar von Gott gewollt gewesen seien (vgl. 142,6–29).

IV Grenouille in der Felsengruft: Intertextuelle Bezüge zum Gedicht „Hiroshima" von Marie Luise Kaschnitz

Textstelle: 2. Teil, 25. Kap., 156,8–158,17

Marie Luise Kaschnitz: Hiroshima

Der den Tod auf Hiroshima warf
Ging ins Kloster, läutet dort die Glocken.
Der den Tod auf Hiroshima warf
Sprang vom Stuhl in die Schlinge, erwürgte sich.
Der den Tod auf Hiroshima warf
Fiel in Wahnsinn, wehrt Gespenster ab
Hunderttausend, die ihn angehen nächtlich
Auferstandene aus Staub für ihn.

Nichts von alledem ist wahr.
Erst vor kurzem sah ich ihn
Im Garten seines Hauses vor der Stadt.
Die Hecken waren noch jung und die Rosenbüsche zierlich.
Das wächst nicht so schnell, daß sich einer verbergen könnte
Im Wald des Vergessens. Gut zu sehen war
Das nackte Vorstadthaus, die junge Frau
Die neben ihm stand im Blumenkleid
Das kleine Mädchen an ihrer Hand
Der Knabe der auf seinem Rücken saß
Und über seinem Kopf die Peitsche schwang.
Sehr gut erkennbar war er selbst
Vierbeinig auf dem Grasplatz, das Gesicht
Verzerrt von Lachen, weil der Photograph
Hinter der Hecke stand, das Auge der Welt.

Aufgabe:

Analysieren und vergleichen Sie das Gedicht „Hiroshima" von Marie Luise Kaschnitz und den Textauszug aus Süskinds Roman „Das Parfum".
Erörtern Sie, welche Deutungsmöglichkeiten Süskind durch den intertextuellen Bezug zu Kaschnitz' Gedicht dem Leser anbietet.

1. Analyse des Gedichts „Hiroshima" von Marie Luise Kaschnitz

- Das 1956 entstandene Gedicht thematisiert das weitere Leben des Piloten, aus dessen Flugzeug elf Jahre zuvor die erste Atombombe über Hiroshima abgeworfen wurde. Die erste Strophe formuliert unterschiedliche Formen der Sühne und der Schuldvisionen, wie sie bei einem Mann zu erwarten wären, der mehreren hunderttausend Menschen den Tod gebracht hat. Im schroffen Kontrast dazu beschreibt die zweite Strophe einen Augenblick aus dem zur Entstehungszeit des Gedichts aktuellen Leben dieses Bomberpiloten, der sich mit seiner jungen Familie in einem Vorstadthaus eine offensichtlich unauffällige bürgerliche Existenz aufgebaut hat.
- Beginnend mit der dreimaligen Wiederholung der Zeile „Der den Tod auf Hiroshima warf" werden in der ersten Strophe gesellschaftliche Erwartungen formuliert, wie die Sühne des Piloten hätte aussehen können: Er hätte sich in ein Kloster zurückziehen können und mit der Mühe des Glockenläutens seine Buße offenkundig machen können. Er hätte sich erhängen können, er hätte wahnsinnig werden und nachts von den Opfern heimgesucht werden können: traditionelle Vorstellungen davon, wie sich eine übergroße Schuld abtragen ließe.
- Mit der überraschenden Wendung „Nichts von alledem ist wahr" (Z. 9) wird ein Gegenentwurf konkretisiert. Das lyrische Ich gibt bekannt, ihn vor seinem Haus am Stadtrand gesehen zu haben, offensichtlich auf einem Foto. Diesen Schluss suggerieren die Erwähnung des Fotografen in der vorletzten Zeile und Formulierungen wie: „Gut zu sehen war / Das nackte Vorstadthaus" (Z. 14 f.) oder „Sehr gut erkennbar war er selbst" (Z. 20), die den Wahrnehmungsprozess des lyrischen Ich in das Gedicht mit einbeziehen. Wiedergegeben wird eine kleinbürgerliche Vorstadtidylle: Der Bomberpilot auf allen Vieren, der eine Peitsche schwingende Sohn auf seinem Rücken, seine Frau mit der kleinen Tochter an seiner Seite. Merkwürdig ambivalent ist die Wertung des lyrischen Ich: Während die Bezeichnung der Hecken als „jung" und der Rosenbüsche als „zierlich" (Z. 12) noch positive Konnotationen aufkommen lässt, markieren die Verse „Das wächst nicht so schnell, daß sich einer verbergen könnte / Im Wald des Vergessens" (Z. 13 f.) einen Umschwung. Ohne direkte Anklage zu erheben, gibt das lyrische Ich doch zu verstehen, dass es diesem Menschen angemessener wäre, sich zu verbergen und zu verschwinden im „Wald des Vergessens". Aber wie diese Metapher andeutet, braucht es dafür eine Zeit des Wachsens, die sich nicht beschleunigen lässt.
- Schließlich ist es der „Photograph", der als das „Auge der Welt" die Idylle entlarvt und sie der Welt vermittelt. Zwar liegt es nahe, das vom Lachen verzerrte Gesicht (vgl. Z. 21 f.) zunächst als eine Reaktion auf das Fotografiert-Werden zu deuten, es könnte aber auch als eine nicht ganz gelungene Verstellung und damit als Relikt innerer Anspannung interpretiert werden.

- Einerseits personalisiert das Gedicht, indem es die Verantwortung für die amerikanische Kriegspolitik gegen Ende des Zweiten Weltkriegs einem einzelnen Bomberpiloten zuschiebt und systemische Zusammenhänge außer Acht lässt. Andererseits ist der Täter als benannte Person kaum präsent. Nur in Formulierungen wie „Der den Tod auf Hiroshima warf" wird er mit dem Pronomen „der" und seiner Schuld bezeichnet; auch später spricht das lyrische Ich nur in Pronomina von ihm: „sah ich ihn" (Z. 10), „dass sich einer verbergen könnte" (Z. 13), „gut erkennbar war er selbst" (Z. 20). Namenlos bleibt der Täter.

2. Vergleichende Analyse des Texts von Süskind

- Auf seinem Weg von Paris nach Grasse weicht Grenouille jeglicher Begegnung mit menschlichen Wesen aus, gelangt so ins Zentralmassiv der Auvergne und dort auf den als „menschenfernsten Punkt des ganzen Königreichs" (vgl. 152,9 f.) bezeichneten Berg Plomb du Cantal. Hier findet Grenouille einen Stollen, mit dessen genauerer Beschreibung die Textstelle einsetzt. Dieser Stollen, nach dreißig Metern in einer Verschüttung endend, weist alle Merkmale der Unwirtlichkeit und Enge auf: Grenouille kann nur gebückt stehen und gekrümmt liegen, es herrscht Totenstille und eine „feuchte, salzige Kühle" (156,19 f.), kein lebendes Wesen hat den Platz je betreten. Dieser menschlichem Leben in extremer Weise abträgliche Platz wird jedoch von Grenouille mit religiösen Begriffen und Vergleichen geradezu glorifiziert: Er empfindet „heilige Scheu" (156,22), bedeckt den Boden, „als bedecke er einen Altar" (156,24), fühlt sich „himmlisch wohl" (156,25). Einerseits liegt er „unter der Erde wie in seinem eigenen Grab" (156,27), andererseits ergreift ihn ein nie gekanntes Sicherheits- und Glücksgefühl (vgl. 156,27–32). Im Folgenden wird Grenouilles asketische Behausung als „Gruft" (157,15 und 17) bezeichnet, in der er ein „eigentliches" Leben (vgl. 157,17 f.) in der Selbstgenügsamkeit führt (vgl. 157,23 f.). Was sich somit als extremste Einschränkung eines jeglichen Lebens darstellt, wird für Grenouille ein ins Religiöse stilisierter Raum der Selbstentfaltung.
- Eingeführt durch Motive des Rückzugs, der Selbstkasteiung, beginnt mit dem Satz: „Man weiß von Menschen, die die Einsamkeit suchen" (157,25 f.) eine Erzählerreflexion, der versteckt, aber dennoch spürbar das Gedicht „Hiroshima" als Folie hinterlegt ist. Auch hier wird zunächst von Menschen berichtet, die sich aus unterschiedlichen Motiven in die Einsamkeit zurückgezogen haben: einerseits Büßer und Gescheiterte, andererseits Heilige oder Propheten (vgl. 157,25 f.). „Wüsten", „Höhlen", „Klausen", „abgelegene Inseln" und „Käfige auf Stangen" (vgl.157,27–31) werden als Orte der Selbstkasteiung und Buße genannt. Damit wird ein semantisches Feld eröffnet, das sowohl mit dem vorangegangenen Kontext als auch mit der ersten Strophe des Gedichts „Hiroshima" in Beziehung steht.

- Deutlich wird der intertextuelle Bezug durch den Einleitungssatz des nächsten Abschnitts: „Nichts von alledem traf auf Grenouille zu." (158,7) Nicht nur die wörtlichen Übereinstimmungen, sondern der gesamte gedankliche Duktus dieser beiden Abschnitte verweisen auf Kaschnitz' Gedicht. Hier wie dort wird zunächst in einem Kontext von Buße und Rückzug ein allgemein beobachtetes oder erwartbares menschliches Verhalten beschrieben, von dem die Befindlichkeit des Individuums, des Bomberpiloten wie Grenouilles, schroff abgesetzt wird. In emphatischen Sätzen verdeutlicht der Erzähler, Grenouille habe mit Buße oder dem Bedürfnis nach göttlicher Nähe nichts im Sinn, der Rückzug diene allein „seinem eigenen einzigen Vergnügen" (158,10). Noch einmal wird der Kontrast zwischen äußerer Entbehrung und innerem Reichtum zugespitzt: Zwar läge Grenouille „wie seine eigene Leiche" in der Felsengruft, doch lebe er „so intensiv und ausschweifend, wie nie ein Lebemann draußen in der Welt gelebt hat" (158,16f.). Mit dem Verweis auf die „Welt" draußen wird abschließend noch einmal ein Bezug zu Kaschnitz' Gedicht hergestellt, wo am Ende der Fotograf als „Auge der Welt" apostrophiert wird.

3. Deutungsmöglichkeiten der intertextuellen Bezüge

- Gerade dieser intertextuelle Bezug ist im Sinne einer postmodernen Literaturtheorie als spielerischer, ironischer Umgang mit der literarischen Tradition zu deuten. Nur für den literarisch Gebildeten ist der Bezug zu Kaschnitz' Gedicht „Hiroshima" an der Thematik des Büßens, der pointierten Gegenüberstellung von Erwartung und Wirklichkeit und den wörtlichen Entsprechungen an exponierten Stellen erkennbar. Nicht ein platter Vergleich, sondern ein Dialog mit dem Prätext ist angestrebt. Wird das Scheusal Grenouille zu Beginn des Romans mit „anderen genialen Scheusalen" (vgl. 5,7) seiner Epoche in einem Atemzug genannt, so gesellt sich in ironischem Spiel der Bomberpilot an seine Seite oder besser gesagt: die Sichtweise, die Marie Luise Kaschnitz von ihm entfaltet. Wie Grenouille hat auch er sich ohne sichtbares Indiz des Büßens zurückgezogen, allerdings in ein Vorstadthaus und den Schoß einer Familie. Als Gedankenspiel ließe sich sein kleinbürgerliches Leben in der kahlen Vorstadtidylle mit der Existenzweise Grenouilles vergleichen, der wie seine eigene Leiche in der Felsengruft liegt. Grenouille hätte ihm dann jedoch sein ausschweifendes Leben voraus. Dem Rückzug des Piloten in die Familie steht Grenouilles Rückzug in sich selbst gegenüber, Grenouilles „eigenem, einzigen Vergnügen" (vgl. 158,10) die demütige Haltung des Bomberpiloten, der, auf allen Vieren im Rasen und von seinem Sohn dominiert, nur noch ein verzerrtes Lachen hervorbringt.
- Dadurch dass Süskind am Ende des Textes den schon im Prätext vorhandenen Verweis auf die Welt übernimmt, gibt er dem Erzähler des Romans

eine ähnliche Bedeutung, wie sie dem Fotografen in Kaschnitz' Gedicht zukommt: Die Funktion des Fotografen, das Leben des Piloten durch sein Foto der Welt zu übermitteln, übernimmt in Süskinds Roman der Erzähler, der mit den Mitteln der Sprache Grenouilles Leben an einem Ort wiedergibt, den noch kein Mensch je betreten hat. Der intertextuelle Bezug reichert somit den Text mit neuen, spielerisch eingestreuten Lesemöglichkeiten an – allerdings nur für den Leser, der das Spiel mit dem Prätext realisiert.

V Antoine Richis: Dem Mörder auf der Spur? Elemente des Kriminal- und Detektivromans

Textstelle: 42. Kap., 257,13–260,11

Aufgabe:

Analysieren Sie den Textauszug im Kontext des Romans. Legen Sie dabei den Schwerpunkt auf Antoine Richis' Argumentationsweise.
Erörtern Sie, inwiefern Süskind mit den Mädchenmorden und der Figur des Antoine Richis Elemente des Kriminal- und Detektivromans aufnimmt.

1. Kontext und Analyse der Argumentation Antoine Richis'

- Nachdem in Grasse innerhalb kurzer Zeit 24 junge Mädchen ermordet aufgefunden werden und die Einwohner mit verzweifelter Aktivität, aber orientierungslos reagieren, wird Antoine Richis eingeführt, reichster Bürger und zweiter Konsul der Stadt. Zwar sind nach einem Bannfluch des Bischofs weitere Morde inzwischen ausgeblieben, doch traut Richis dem Frieden nicht. Da er seine Tochter Laure abgöttisch liebt und sie für den gesellschaftlichen Aufstieg seiner Familie auch bereits verplant hat, treibt ihn die Angst um. Im Anschluss an die in der Textstelle wiedergegebenen Überlegungen trifft Richis noch in der Nacht alle Vorbereitungen, um am Morgen mit seiner Tochter zu der Insel Saint-Honorat aufzubrechen, wo er Laure in einem befestigten Kloster in Sicherheit bringen will.
- Der Textauszug beginnt mit einer knappen Schilderung der Ereignisse, die den Anlass für Richis' intensive nächtliche Reflexionsarbeit bieten: eines vermeintlichen, schockierenden Verlusterlebnisses, als Laure wenige Minuten später als erwartet hinter einer Hecke aufgetaucht ist, und eines mit Laure verknüpften Alptraums, aus dem er „bebend" vor Angst erwacht ist (257,13–258,4).
- In einem ersten, von einem Kommentar des Erzählers abgeschlossenen Argumentationsblock (258,5–259,10) geht Richis zunächst von der Überzeugung aus, dass der Mädchenmörder sich noch in Grasse aufhalte und irgendwann auch wieder zuschlagen werde. Sodann macht er sich noch einmal bewusst, dass die ermordeten Mädchen alle von „ausgesuchter Schönheit" (258,15) gewesen seien, woraus er schließt, dass der Mörder einen „exquisiten Geschmack" (258,18 f.) und ein „System" (258,19) besitzen müsse. Er erkennt in der Arbeitsweise des Mörders nicht einen destruktiven, sondern einen „sorgfältig sammelnden" (vgl. 258,28 f.) Geist. Bestehen bleibt bei ihm allerdings die Irritation, die Intention des Mörders nicht ausmachen zu können, was ihn jedoch zu einem philosophischen Höhen-

schwung motiviert: Wenn man sich die Opfer als „Teile eines höheren Prinzips“ (158,30 f.) vorstelle, dann ergebe sich ein mosaikartiges „Bild der Schönheit schlechthin“ (159,3 f.), dessen Zauber „von göttlicher Art“ (159,5 f.) sei.

- Dies offensichtlich provoziert den Erzähler zu einem in Klammern gesetzten ironischen Kommentar, der durch die Einleitung „Wie wir sehen“ (259,5 f.) den Leser mit einbezieht: Zum einen gebe sich Richis hier als aufgeklärter Mensch zu erkennen, da er auch eine Blasphemie nicht scheue, zum anderen sei er der Wahrheit sehr nahe, wenn er auch in optischen und nicht wie Grenouille in geruchlichen Kategorien denke. Ironisch ist dieser Kommentar insofern, als die Deutung von Richis' Schlussfolgerung als blasphemisch sicher überzogen ist, wohl aber eine schon leicht spöttische Distanz des Erzählers zu seiner Figur aufbaut. Leicht ironische Untertöne sind auch aus der Bemerkung des Erzählers herauszuhören, Richis käme der Wahrheit schon sehr nahe, zumal dies der Leser bereits selbst herausgefunden haben müsste.
- Im zweiten Argumentationsblock, eingeleitet durch die den logischen Denkprozess hervorhebenden Floskeln „Gesetzt nun“ (259,11) und „gesetzt ferner“ (259,14 f.), kommt Richis zu dem Schluss, dass ein Mörder von so erlesenem Geschmack und perfektem methodischen Vorgehen auf Laure nicht würde verzichten können, da sie der „Schlußstein seines Gebäudes“ (259,21 f.) wäre. Auch hier wieder zeigt sich, dass Richis, von der grenzenlosen Liebe zu seiner Tochter geblendet – er bezeichnet sie als „kostbarsten Baustein […], den es auf Erden zu finden gab“ (259,18 f.) –, auf einem falschen Weg zu einem richtigen Ergebnis kommt. Richis' Eitelkeit verführt ihn noch zu einem weiteren gedanklichen Schritt: Die Systematik des Vorgehens und das ideelle Motiv des Mörders nötigen ihm Hochachtung ab, die er gleichzeitig auch sich selbst gegenüber entwickelt, da er schließlich das System des Mörders durchschaut habe. Auch hier mischt sich der Erzähler, der sich ansonsten weitgehend eines übergangslosen Wechsels von erlebter Rede und Erzählerbericht bedient, wieder mit einer auf ironische Distanz gehenden Bemerkung ein, wenn er an die „Hochachtung“ die Bemerkung anschließt: „eine Hochachtung freilich, die sogleich wie aus einem blanken Spiegel auf ihn selbst zurückstrahlte“ (260,7–9).

2. Elemente des Kriminal- und Detektivromans

- Mit dem Beginn der Serie von Mädchenmorden in Grasse und Umgebung weist der Roman typische Handlungselemente des Kriminalromans auf: Die Erzählperspektive wechselt, in konsequenter Außensicht wird die Entdeckung einer Reihe von mysteriösen Morden beschrieben, die keine Anhaltspunkte für die Konstruktion eines Täterbildes bieten. Die Mädchen werden offensichtlich nach gleichem Schema mit einem Stockschlag auf den Hinterkopf getötet und ihrer Haare wie der Kleider beraubt. Der Täter dringt in den fünften Stock, ohne dass ihn jemand wahrnimmt, sogar ohne dass die Hunde anschlagen. Er scheint „unfaßbar, körperlos, wie ein Geist" (250,24f.) zu sein. Selbst nach dem 24. Mord sind noch keine verwertbaren Spuren gefunden.

- Dass Süskind mit den Elementen des Kriminalromans jedoch nur ein ironisches Spiel treibt, lässt sich bereits der zeitlich gerafften Erzählweise entnehmen. Der Erzähler hat anderes im Sinn, als kriminalistische Spannung aufzubauen. Er verweilt bei den Beschreibungen der Mädchenleichen, um des Täters exquisiten Geschmack und sein systematisches Vorgehen zu dokumentieren, und er nimmt die Mordserie zum Anlass, in fast schon satirischem Stil das Ausmaß bürgerlicher Borniertheit in allen Schichten der Bevölkerung von Grasse aufzudecken. Die sinnlosen Verdächtigungen der Bürger, die den Täter erst unter den Zigeunern, da es die gar nicht gibt, unter den italienischen Wanderarbeitern, unter den Mönchen der Benediktiner- und Zisterzienserklöster, schließlich noch in der Person eines schlecht beleumdeten Marquis vermuten, werfen ein Licht auf die Vorurteile und die Leichtgläubigkeit im Zeitalter der Aufklärung. Mit ähnlich ironischem Unterton wird auch bemerkt, dass die Bürger von Grasse entsetzt darüber seien, dass die aufgefundenen Mädchen nicht zuvor missbraucht worden seien, denn jetzt könne man kein Motiv des Täters mehr erkennen. Das ironische Spiel mit den kriminalistischen Vorfällen gipfelt schließlich darin, dass die „aufgeklärten, antiklerikalen Herren" (vgl. 251,24f.) den Bischof darum bitten, den Mörder zu verfluchen und mit einem Bann zu belegen, und dass danach die Mordserie tatsächlich abbricht.
- Mit dem Auftreten Antoine Richis' scheint ein Detektiv in die Kriminalgeschichte eingeführt zu werden. Richis, lebenserfahren und klug, kommt mit seiner logisch aufgebauten Konstruktion des Täterprofils den Motiven und dem System des Täters ziemlich nahe. Da er jedoch von einem durch optische Reize angesprochenen Menschen ausgeht und eher einen kultivierten Mann seines Zuschnitts vermutet, ist sein weiteres Verhalten nicht nur wirkungslos, sondern seiner Absicht in fataler Weise zuwiderlaufend. Statt die Strategie des mutmaßlichen Mörders zu durchkreuzen, arbeitet er ihm unwissend entgegen, entfernt sich aus seinem gut bewachten Haus, um nach einer scheinbar raffiniert geplanten Flucht in einem kaum bewachten Gasthof dem Mörder in die Hände zu fallen. Der Gipfel der Ironie ist darin zu sehen, dass der Mörder den Gasthof bereits vor seinem Opfer erreicht hat und der ahnungslose Detektiv Richis bei einer Inspektion der Räumlichkeit sich von der Harmlosigkeit des Täters überzeugt und anschließend in tiefen Schlaf verfällt.
- Ähnlich wie E.T.A. Hoffmann in seiner Erzählung „Das Fräulein von Scuderi" hat auch Süskind in die Geschichte des genialen Scheusals Grenouille

Elemente des Kriminal- und Detektivromans eingefügt. Dies allerdings in spielerischer, ironischer Absicht, zumal dem Leser nicht nur der Täter, sondern auch seine Ziele und die handwerkliche Strategie seines Vorgehens bis ins Detail bekannt sind. Süskind nutzt die kriminalistische und detektivische Motivik, um die Überlegenheit des Monsters Grenouille gegenüber einer trotz aller Aufklärung borniert denkenden, von Vorurteilen geleiteten und verführbaren Masse zu dokumentieren.

VI Grenouilles Triumph in Montpellier und sein Zusammenbruch in Grasse

Textstellen: 32. Kap., 197,5–199,10; 49. Kap., 304,3–306,30

Aufgabe:

Analysieren und vergleichen Sie die beiden Textauszüge.
Erörtern Sie, ausgehend von den beiden Textauszügen, inwieweit sich Veränderungen in Grenouilles Selbstverständnis und seiner Wahrnehmungsweise vollzogen haben.

1. Analyse des ersten Textauszugs

- Nach der Entdeckung seiner eigenen Geruchlosigkeit verlässt Grenouille seine Höhle auf dem Plomb du Cantal, trifft auf den Marquis de la Taillade-Espinasse, der ihn in Montpellier als Demonstrationsobjekt für die Richtigkeit seiner Theorien vorführen will. Durch seine Vermittlung kann sich Grenouille in einer Parfumerie unbeobachtet einen Menschenduft zusammenmischen, mit dem versehen er sich nun in den städtischen Trubel von Montpellier wagt.
- In einem ersten Abschnitt (197,5–23) wird dargestellt, wie Grenouille inmitten einer Menschenmenge, ein fremdes Kind an die Brust gedrückt, dem Vorbeiziehen einer Hochzeitsgesellschaft zuschaut und in den Jubel der Menschen einstimmt. Bereits durch die Bezeichnung seiner Brust als „scheinheilig" (197,6 f.) und seines Jubels als „schwarzen Jubel" (vgl. 197,11) wird jedoch deutlich, dass Grenouille in die enthusiastische Stimmung der Menge nur zum Schein einschwingt. Sein Gefühl des Triumphes angesichts seines Erfolgs ist umgeschlagen in Menschenverachtung. Es sei keine Angst, so wird differenzierend erläutert, auch kein Hass, Grenouille verachte die Menschen, weil sie sich von ihm betrügen ließen. Mit der Formulierung „weil sie nichts waren, und er war alles!" (197,19 f.) artikuliert sich seine Überheblichkeit.
- Der Rückzug in eine Kirche dient seiner Beruhigung und versetzt Grenouille in einen Zustand „kalter und nüchterner Zufriedenheit" (vgl. 198,6), und so kann er sich in einem zweiten Abschnitt (197,23–198,19) wieder seiner eigenen Macht bewusst werden. Er fasst den Plan, einen Duft zu kreieren, der übermenschlich, engelsgleich sein solle und so gut, dass die Menschen ihn als Träger des Dufts lieben müssten.
- Während Grenouille in der Formulierung dieses Lebensziels zunächst noch weitgehend in ästhetischen Dimensionen denkt, bricht im folgenden Abschnitt (198,20–199,10) das damit verbundene Machtbedürfnis durch: Mit

der Wiederholung des Verbs „lieben" („Ja, lieben sollten sie ihn", 198,20) beginnt in Form einer Klimax mit Begriffen wie „Wahnsinn", „Selbstaufgabe" und Formulierungen wie „zittern vor Entzücken", „weinen vor Wonne" (198,22–24) eine ekstatische Beschreibung der intendierten Gefühlsintensität. Dies kulminiert in Grenouilles Vorsatz, „der omnipotente Gott des Duftes" (198,27) zu werden. Da die Menschen, so wird weiter begründet, sich vor den Gerüchen nicht verschließen könnten, beherrsche derjenige, der die Gerüche beherrsche, auch die Herzen der Menschen.

2. Vergleichende Analyse des zweiten Textauszugs

- Inzwischen hat Grenouille das in Montpellier entworfene Lebensziel erreicht und aus der Essence absolue des Dufts von 25 Jungfrauen ein Parfum entwickelt, mit dem er sich am Tag seiner beabsichtigten Hinrichtung parfümiert hat. Der Hass der Menschen auf den vielfachen Mörder schlägt plötzlich um in eine wunderbare Verehrung, Liebesgefühle überkommen sie. Es entsteht eine gigantische Massenorgie, das größte Bacchanal, „das die Welt seit dem zweiten vorchristlichen Jahrhundert gesehen hatte" (303,19–21). Grenouille steht auf dem Hinrichtungsplatz und schaut der Menge zu.
- Das Lächeln Grenouilles, mit dem der erste Abschnitt (304,3–305,8) beginnt, entlarvt der Erzähler als „hässliches, zynisches Grinsen" (304,7 f.), als Widerspiegelung seiner Verachtung. Damit wird eine ganz ähnliche Situation beschrieben, wie sie Grenouille bereits in Montpellier erlebt hat. Auch hier legt sich Grenouille im Anschluss an das Aufsteigen verächtlicher Gefühle Rechenschaft ab über das bisher Erreichte. Im sprachlichen Duktus und in der rhythmischen Gestaltung an das christliche Glaubensbekenntnis gemahnend, macht er sich bewusst, dass er sich aus niedrigsten Verhältnissen, trotz aller Widerwärtigkeiten, mit eigener Kraft emporgearbeitet und es erreicht habe, von der Welt vergöttert zu werden. Nicht nur vergleicht er sich mit Prometheus, der den Menschen das Feuer gebracht und Menschen geschaffen hat, sondern stellt sich noch über ihn, weil er, Grenouille, den göttlichen Funken „in seinem Innern geschlagen" (304,24) und sich eine strahlendere Aura erschaffen habe als je ein anderer Mensch. Schließlich bezeichnet sich Grenouille als „sein eigener Gott" (304,30) und stellt sich in seiner Überheblichkeit noch über jenen Gott, der im Weihrauchgestank der Kirchen hause. Diese herausragende Hymne auf seine eigene Grandiosität, nach einem kurzen Erzählerbericht (304,3–10) in erlebter Rede verfasst, bedient sich aller Mittel eines pathetischen Stils. Auffallend sind: an liturgische Sprache erinnernde Partizipialkonstruktionen („geboren", „stammend", „aufgewachsen", „lebend", 304,10–13), Enumerationen („klein, gebuckelt, hinkend, hässlich, gemieden", 304,15), Ausrufe mit gleichzeitiger Klimax („Was heißt beliebt! Geliebt! Verehrt! Vergöt-

tert!“, 304,17 f.). Allerdings wird auch hier das hohe Pathos durch einen kleinen Stilbruch („mir nichts, dir nichts“, 304,20) ironisiert.

- Der zweite Abschnitt (305,9–306,2) beginnt mit einer erlebten Rede Grenouilles, in der er, sich als den „Großen Grenouille“ seiner Allmachtsträume auf dem Plomb du Cantal titulierend, seine Wünsche als erfüllt bezeichnet. Doch, so fährt der Erzähler berichtend fort, Grenouille kann seinen größten Triumph keinen Augenblick genießen. Wie in seinem ersten triumphalen Augenblick in Montpellier, so meldet sich auch jetzt wieder sein alter Ekel vor den Menschen, sein Hass. Er könne seine Befriedigung nicht in der Liebe, sondern nur im Hassen und vor allem im Gehasstwerden finden, so deutet der Erzähler Grenouilles Befindlichkeit.
- Im dritten Abschnitt (306,3–30) deutet der Erzähler Grenouilles Situation insofern als ausweglos, als sein Hass von den Menschen nur mit Liebe beantwortet werde. Dies führt bei Grenouille zu dem Wunsch, die „stupiden, stinkenden, erotisierten Menschen“ (306,10) vernichten zu können und von ihnen „vertilgt“ (vgl. 306,16) zu werden. Er möchte ein einziges Mal „sich seines Innern entäußern“ (306,19), in seiner wahren Existenz als Hassender zur Kenntnis genommen werden und als Antwort den Hass der Menschen spüren. Als Grenouille realisiert, dass seine Duftmaske gerade dies verhindert, umnebelt sich sein Bewusstsein.

3. Veränderungen in Grenouilles Selbstverständnis und Wahrnehmungsweise

- Da Grenouille von seiner Geburt an die Welt über den Geruchssinn wahrgenommen und geordnet hat, er von einer „duftenden Seele“ (vgl. 125,7) der Dinge spricht, kann er auch sich selbst letztendlich nur über den Geruch definieren. So ist verständlich, dass ihn allein schon der Verdacht, keinen Geruch zu haben, in tiefste Angst treibt, die Gewissheit ihn zu sofortigem Handeln, zum Abbruch seines siebenjährigen Höhlendaseins nötigt. Die in Montpellier gemachte Erfahrung, mit einem flüchtig zusammengemischten Menschenduft in der menschlichen Gesellschaft wahrgenommen zu werden, löst bei ihm zweierlei aus: einmal die Verachtung der Menschen, die sich von ihm so schnell täuschen lassen, zum anderen das leidenschaftliche Bedürfnis, einen überwältigenden Duft zu kreieren und die Gefühle der Menschen damit zu beherrschen.
- Ein weiteres Motiv für Grenouilles Menschenhass ist ebenfalls bereits in seiner Pariser Zeit zu finden. Nicht nur hat er Menschen als herrschsüchtig und ausbeuterisch kennen gelernt, er hat sie auch als übel riechend und für den Gestank in den Straßen verantwortlich erlebt. So geht er auf seinem Fußmarsch nach Grasse menschlichen Siedlungen aus dem Weg, vermeidet schließlich Begegnungen mit Lebewesen jedweder Art und zieht sich in die Geruchlosigkeit und Einsamkeit seiner Höhle zurück, wo er sys-

tematisch die Tilgung unliebsamer Gerüche betreibt. In seiner Abwertung der Menschen in Montpellier als „stinkend dumm" (197,18) oder in Grasse als „stupide" und „stinkend" (vgl. 306,10) dokumentiert sich seine olfaktorisch motivierte Verachtung, die auch vor Gott nicht haltmacht („Gott stank. Gott war ein kleiner armer Stinker", 199,32).

- Seit seinem Erlebnis in Montpellier, dies zeigt der erste Textauszug, verfolgt Grenouille das Ziel einer ultimativen Duftkreation mit der Genügsamkeit und Ausdauer eines Zecks. Während ihm dies gelingt und er eigentlich den größten Triumph seines Lebens genießen könnte, muss er die vernichtende Erfahrung machen, dass seine Pläne nicht aufgehen: Der in Montpellier formulierte Wunsch, mit seinem „Engelsduft" von den Menschen bis zur Selbstaufgabe geliebt zu werden – eine Mischung aus Narzissmus und Dominanzstreben –, erfüllt sich zwar, doch muss Grenouille die Erfahrung machen, dass Geliebtwerden, wo man selbst nur Hass und Verachtung empfindet, quälend ist. Grenouilles parfümistische Karriere hat sich weiterentwickelt, sein Wissen verbreitert, seine Technik verfeinert, das alles um den Preis von 25 Mädchenmorden. Was seine menschliche Entwicklung, den Umgang mit seiner Gefühlswelt betrifft, macht Grenouille erst am Tag seines größten Triumphes die für sein Leben entscheidende Erfahrung, dass es sein eigentliches Ziel gewesen wäre, in seiner wirklichen Existenz wahrgenommen zu werden, seinen vernichtenden Hass zeigen zu können, selbst auf die Gefahr hin, seinerseits vernichtend gehasst zu werden.

VII Grenouille: „In jeder Faser vom Erdboden verschwunden" – Provozierende Aspekte des Romans

Textstelle: 51. Kap., 317,22–320,32

Aufgabe:

Analysieren Sie den Textauszug. Untersuchen Sie dabei seine kompositorische Stringenz als Romanende.
Verfassen Sie einen Essay, in dem Sie sich, ausgehend vom Ende des Romans, mit einigen möglicherweise provozierend wirkenden Aspekten des Romans auseinandersetzen.

1. Kontext, Aufbau und Darstellungsweise

- Nach seinem Zusammenbruch in Grasse löst sich Grenouille von Antoine Richis, der ihn als Sohn aufnehmen will, und zieht in nächtlichen Märschen nach Paris, um dort zu sterben. Er denkt noch einmal über sein Motiv nach: Zwar verfüge er über die Macht, „den Menschen Liebe einzuflößen" (316,14–16), doch könne er sich nicht „vor sich selber riechen machen" (316,16 f.). Damit fehlt dem ausschließlich auf den Geruchssinn fixierten Grenouille das Bewusstsein seiner eigenen Existenz, und sein Leben ist wertlos. Seine letzten Gedanken kreisen um die Frage, ob vielleicht das, was er bei der ersten Berührung mit dem Duft von Laure Richis empfunden habe, dem ähnlich sei, was die Menschen in Grasse bei seinem Auftritt verspürt hätten. Dann gibt Grenouille das Denken auf, da es, wie der Erzähler kommentiert, nicht seine Stärke ist.
- Für die Analyse der anschließenden Szene in Paris bietet sich ein chronologisches Vorgehen an. Die Situation bei Grenouilles Ankunft in Paris (317,22–30) gleicht der seiner Geburt, worauf der Erzähler ausdrücklich verweist: Es ist einer der heißesten Tage des Jahres, es herrscht Windstille, der Gestank von Fäulnis und Verwesung hat fast noch zugenommen („wie aus tausend aufgeplatzten Eiterbeulen", 317,23 f.). Rhythmische Wiederholungen aus dem Geruchstableau des Romanbeginns akzentuieren überdies die situativen Entsprechungen („aus den Schlachthöfen stank das geronnene Blut", 6,5 f., und: „In den Gassen stand die verpestete Luft", 317,27 f.).
- Ein zweiter Erzählabschnitt (317,31–318,25) schildert Grenouilles Ankunft am Schauplatz des Geschehens und die dortige Situation. Grenouille zieht es an seinen Geburtsort zu den Gebeinhäusern der Rue aux Fers, jetzt aber auf die andere Seite der Arkaden, auf das Gelände des Cimetière des Innocents, auf den von schwerem Leichengestank dominierten Friedhof. Das

„Gesindel", das sich nach Mittelnacht dort trifft, Kriminelle und gesellschaftliche Außenseiter, nimmt ihn zunächst nicht wahr und behauptet später, es müsse sich bei ihm um einen „Engel" oder „Übernatürliches" (318,23) gehandelt haben. Damit wird die Engelsmetaphorik, bereits in Begriffen wie „Engelsduft" (198,16) oder der Offenbarung Grenouilles als „Engel" (302,17) auf dem Hinrichtungsplatz in Grasse zum Leitmotiv geworden, wieder aufgegriffen und im Verlauf der Handlung ausgebaut.

- Mit einem abrupten Wechsel der Perspektive wird das Geschehen vorübergehend aus der Erinnerung der Desperados berichtet (318,26–319,2): Grenouille habe sich mit einem Fläschchen übergossen und habe schön „wie von strahlendem Feuer" (319,2) ausgesehen. Aufgegriffen wird damit in versteckter Form erneut das Engelsmotiv, da Engel alten Überlieferungen entsprechend einen Feuerleib besaßen. Von diesem „Engelsmenschen" (319,8) fühlt sich das „Gesindel" im nächsten Erzählabschnitt (319,3–18), nachdem es zunächst ehrfürchtig zurückweicht, magisch angezogen. Die Zwangsläufigkeit dieses Hingezogenwerdens verdeutlicht der Erzähler mit einer Naturmetapher: Von einem „rabiaten Sog" (vgl. 319,9) ist die Rede, einer „reißenden Ebbe" (vgl. ebd.), gegen die man sich als Mensch nicht stemmen kann.
- Nach einer ehrfürchtigen Annäherung, durch einen enger werdenden Kreis visualisiert, wird im nächsten Erzählabschnitt (319,19–320,6) der zunehmend brutaler werdende kannibalische Überfall geschildert. Zunächst bleibt der Erzähler noch im Bereich der Engelsmetaphorik, wenn er berichtet, jeder wolle „ein Federchen, ein Flügelchen, einen Funken seines wunderbaren Feuers" (319,23 f.), dann allerdings wird, wieder mit einem naturgewaltigen Vergleich („wie die Hyänen", 319,27) in seiner Unaufhaltsamkeit unterstrichen, der kannibalische Akt eingeleitet. Hier mischt sich der Erzähler mit einem ironischen Kommentar ein: Mit der Bemerkung, ein Menschenkörper sei „ja zäh", selbst Pferde hätten große Mühe, ihn auseinander zu reißen (vgl. 319,28–30), gibt er sich naiv belehrend und nimmt der Situation einiges von ihrem Ernst. In der brutalsten Phase des kannibalischen Geschehens bedient sich der Erzähler der Personalisierung: Nicht die Menschen handeln, sondern die „Dolche", „Äxte" und „Schlagmesser" stoßen zu, schlitzen auf und zerhauen krachend (vgl. 319,30–320,1). Triebhaft verschlingt jedes Mitglied der „Rotte" (320,3) einen Teil des Körpers, bis Grenouille „in jeder Faser vom Erdboden verschwunden" (320,6) ist.
- Es folgt schließlich noch ein Bericht über die Befindlichkeit der jetzt als „Kannibalen" (320,7) bezeichneten Täter (320,7–32). Verlegenheit stellt sich ein, aber kein schlechtes Gewissen. Mit einer ironischen Anspielung auf die Herkunft von Grenouilles „übermenschlichem" Parfum legt sich auf die Gesichter der Kannibalen „ein mädchenhafter, zarter Glanz von Glück" (320,25 f.). Als ihr Motiv für die Einverleibung Grenouilles wird die Liebe genannt, wobei der Erzähler betont, und wieder ist eine leichte Ironie nicht zu verkennen, dass sie „zum ersten Mal etwas aus Liebe getan" (320,31 f.) hätten.

2. Kompositorische Stringenz des Romanendes

- Die Schlusspassage des Romans ist insofern als stringent zu bezeichnen, als Grenouilles Tod angesichts seiner radikalen Lebensweise die einzige Antwort auf das Scheitern seines Lebenskonzepts sein kann. Immer wieder wird dargestellt, dass er seine Zielvorstellungen so hoch bewertet, dass für ihn ein Leben ohne ihre Erfüllung nicht mehr möglich wäre. Die schwere Krankheit, die Grenouille bei Baldini überfällt und die ihn bis an die Grenze des Todes führt, ist durch die Erfahrung ausgelöst, dass sich seine parfümistischen Vorstellungen mit dem bisherigen Wissen und Handwerkszeug nicht realisieren lassen, und verfliegt in dem Augenblick, wo Baldini ihm neue Wege der Duftgewinnung aufzeigt. Dass vor diesem Hintergrund die auf dem Höhepunkt seiner parfümistischen Kunst und seiner Herrschaft über die Menschen gemachte Erfahrung, an seinen wirklichen, letztlich unerfüllbaren emotionalen Bedürfnissen vorbei gelebt zu haben, eine dramatische Selbstvernichtung zur Folge haben muss, ist schlüssig.
- Da der Titel des Romans „Das Parfum“ lautet, wobei der bestimmte Artikel sicherlich auf den letzten, „ultimativen“ Duft zu beziehen ist, ist es unter dem Aspekt der Romankomposition nahe liegend, dass dieses Parfum noch eine weitere, existenziellere Funktion übernimmt. Hat es ihn bisher vor einer mit größtem Aufwand vorbereiteten Hinrichtung bewahrt, so wird es jetzt zum zwingenden Instrument seiner Vernichtung.
- Dass Grenouille im Sinne eines zirkulären Schlusses an den genauen Ort seiner Geburt zurückkehrt, sich jetzt aber auf die dem Friedhof zugewandte Seite der Galerien begibt, ist Signal seines Scheiterns und seines Todes. Nachdem Grenouille seine 26 Morde mit dem künstlerischen Ziel der Duftkreation legitimiert und handwerklich genau geplant hat, erlebt er selbst einen Tod, der, durch Desperados ausgelöst, von einer Liebe verursacht wird, die in unaufhaltsame orale Gier umschlägt. Dass Grenouille mit seinem Tod auch gleichzeitig vom Erdboden ganz verschwindet und betont wird, dass die Kannibalen damit zum ersten Mal etwas aus Liebe getan hätten, fügt sich in den ironischen Stil des Romans.
- Schließlich entspricht der Kannibalismus als Akt einer nicht zivilisierten Gesellschaft dem Ende eines in so extremer Weise nicht sozialisierten Menschen wie Grenouille.

3. Provozierend wirkende Aspekte des Romans

(Unter einem Essay ist eine kürzere Abhandlung zu verstehen, in der die Thematik aus einer persönlich geprägten Sicht, in einem leicht zugänglichen, durchaus aber niveauvollen Stil und ohne Anspruch auf erschöpfende Analyse entfaltet wird. Welche Position der Schreibende dabei einnimmt, ist ihm selbst überlassen. Hier einzelne Aspekte, die im Rahmen der Thematik angesprochen werden könnten.)

- Die langen Geruchsschilderungen beispielsweise zu Beginn des Romans: Über schlechte Gerüche länger als nötig zu reden oder zu schreiben, verstößt gegen gesellschaftliche Konventionen und kann als Provokation aufgenommen werden, besonders wenn es mit ästhetischem Anspruch verbunden ist.
- Die Mordschilderungen: Insbesondere die Schilderung des Mordes an Laure Richis, Grenouilles letztem Opfer, ist geprägt von der skurrilen Wahrnehmungsweise der Hauptfigur. Sorgfältig und liebevoll werden die handwerklichen Verrichtungen beschrieben, wobei der Erzähler mit ironischen Brechungen nicht spart. So wird, ganz der Wahrnehmung Grenouilles folgend, nicht der Mord selbst, sondern der Schlag auf den Hinterkopf als unerträglich empfunden und das auch nicht, weil er den Tod verursacht, sondern weil er ein Geräusch in dem ansonsten lautlosen Geschäft produziert. Provozieren könnte auch Grenouilles Verhalten, wenn er nach seinem ersten Mädchenmord in einen Zustand höchster Glückseligkeit gerät, neben der Leiche seines letzten Opfers sich so wohl wie noch nie im Leben fühlt.
- Die Schilderungen der Mädchenleichen: Die Schönheit einer Mädchenleiche mit Worten zu beschreiben, mit denen allenfalls die erotische Attraktivität eines lebenden Mädchens angepriesen werden könnte („Es gehörte jenem schwerblütigen Typ von Frauen an, die wie aus dunklem Honig sind, glatt und süß und ungeheuer klebrig", 247,10–12), überschreitet Tabugrenzen und kann als unwürdig empfunden werden.
- Religiöse Empfindungen können durch die zahlreichen blasphemischen Äußerungen Grenouilles verletzt werden. Immer wieder erhebt er sich über Gott, blickt spöttisch auf ihn herunter, bezeichnet ihn beispielsweise als „kleinen armen Stinker" (vgl. 199,32), sich selbst aber als „omnipotenten Gott des Duftes" (vgl. 198,27).
- Der Erzähler selbst nimmt keine deutlich konturierte moralische Position ein, distanziert sich nicht genügend von seiner Hauptfigur Grenouille: Die Werturteile, die der Erzähler an Schlüsselstellen einflicht, sind wenig überzeugend und eher floskelhaft. Von „Scheusal" ist die Rede, von „abscheulicher Gestalt", von seiner „schwarzen Seele", vom „Spiralchaos" der Seele: Dies sind alles keine ernsthaften Distanzierungen, weil der Erzähler ansonsten mit viel Liebe zum Detail sich in die Figur Grenouilles hineinzuversetzen vermag.
- Dem lässt sich entgegenhalten: Wie in der Entwicklung der Kunst überhaupt, so ist auch in der Geschichte der Literatur die Provokation, die den Leser verstört, Stellungnahmen und Widerspruch herausfordert, Grenzüberschreitungen probt, ein selbstverständlicher Gestus. Süskinds Roman, der im historischen Kontext der Postmoderne entstanden ist, weist als wichtiges Stilmittel das ironische Spiel auch mit gesellschaftlichen Konventionen, Lesegewohnheiten und Tabus auf. In dieser ironischen Verflech-

tung mit einer ernsthaften moralischen Distanzierung aufzufahren, wäre nicht nur ein Stilbruch, es wäre auch überflüssig und lächerlich, da dem Leser unterstellt werden kann, dass er selbst eine wertende Position einzunehmen vermag. Die den Roman auszeichnende stilistische Souveränität, Flexibilität und handwerkliche Genauigkeit, die Distanz, die durch die Ausdrucksweise geschaffen wird, signalisiert auf jeder Seite, dass der Autor über eine moralische Position verfügt, die er ganz bewusst nicht missionarisch vor sich herträgt.

VIII „Das Parfum" im Spiegel der Kritik: Rezensionen von Marcel Reich-Ranicki und Beatrice von Matt

Marcel Reich-Ranicki
Des Mörders betörender Duft
Patrick Süskinds erstaunlicher Roman „Das Parfum"
(Auszug aus: *Frankfurter Allgemeine Zeitung*, 2. März 1985)

Also das gibt es immer noch oder schon wieder: einen deutschen Schriftsteller, der des Deutschen mächtig ist; einen zeitgenössischen Erzähler, der dennoch erzählen kann; einen Romancier, der uns nicht mit dem Spiegelbild seines Bauchnabels belästigt; einen jungen Autor, der trotzdem kein Langweiler ist. [...] Sicher ist: Um die verschiedenartigen Mittel und Errungenschaften, um die ausgeklügelten Techniken und raffinierten Tricks der modernen Prosa kümmert sich dieser Autor nicht einen Pfifferling. Er verzichtet auf den inneren Monolog, den übrigens schon Schnitzler um 1900 in die deutsche Literatur eingeführt hat. Den Perspektivenwechsel, den schon Tolstoi kannte, braucht er nicht. Der Vorwurf, er spiele den allwissenden Erzähler und sei somit ein ganz altmodischer Kerl, scheint ihm herzlich gleichgültig. Er beginnt die Geschichte seines abstoßenden Helden mit dessen Geburt und schließt sie mit dessen Tod, er berichtet geradlinig und in chronologischer Reihenfolge, von Rückblenden will er nichts wissen, nie weicht er von seinem Thema ab. Schilderungen, die, wer will, als genüßlich beanstanden mag, fürchtet er so wenig wie kleine, freilich eher makabre Idyllen.

Ich sage nicht, daß man heutzutage so erzählen soll. Aber ich meine, daß man auch heute so erzählen darf – vorausgesetzt, daß man es kann. Und daß moderne Epik zwar nicht unbedingt gut, aber gute stets modern ist – oder es zumindest immer sein sollte. Was taugt die Prosa von Patrick Süskind?

Hier zunächst ein Stilbeispiel: [Textauszug S. 5,19–S. 6,17].

So beweist Süskind, daß er auch dem Gestank mit schönen, geradezu eleganten Sätzen gerecht werden kann. Er hat einen ausgeprägten Sinn für den Rhythmus der Sprache, den er oft mit insistierenden und doch nicht störenden Wortwiederholungen erreicht und der weder hämmernd noch stampfend wirkt und gleichwohl unüberhörbar ist. Seine Sätze sind niemals schwerfällig, auch wo sie sich zu langen Perioden auswachsen, bleiben sie makellos durchsichtig. Süskinds Diktion ist geschmeidig und anmutig und dennoch genau: Der verführerische Wohlklang vieler Seiten seines Buches geht nicht auf Kosten der Deutlichkeit des Ausdrucks. Die einnehmende Musikalität dieser Prosa läßt vermuten, daß von allen Sinnesorganen ihres Autors das Ohr am besten entwickelt ist. [...]

Aber des Lebens ungemischte Freude wird uns Lesern der zeitgenössischen deutschen Romane nur sehr selten zuteil. Wer die erste Hälfte dieses Buches geradezu mit roten Backen zur Kenntnis genommen hat, der muß später einige

Enttäuschungen in Kauf nehmen. Nachdem Grenouille eine Unzahl herrlicher Parfums produziert und seinem geizigen Arbeitgeber zu Geld und Ruhm verholfen hat, erfährt er, daß in der Stadt Grasse ein geheimnisvolles Verfahren zur Gewinnung feinster Blumendüfte erfunden wurde – und er kehrt bald Paris den Rücken. Dies aber war keine glückliche Entscheidung des Autors Süskind. Denn kaum hat sein Held Frankreichs Hauptstadt verlassen, da schwinden mit der Unmittelbarkeit und Suggestivität des Romans auch dessen Schlüssigkeit und Überzeugungskraft. [...]

In dieser zweiten Hälfte mutet Süskinds Prosa ein wenig epigonal an. Aber wen ahmt er nach? Keinen anderen als sich selber. Er wiederholt sich. Und warum, ist ihm etwa die Puste ausgegangen? Ich glaube, es gibt da noch einen anderen, vielleicht triftigeren Grund. Die Biographie des Mannes mit der einzigartigen Witterung ist zwar von Anfang an als Gleichnis angelegt, doch sind die parabolischen Elemente vorerst noch dezent: Es triumphiert immer wieder das artistische Temperament eines Erzählers, dem es Spaß macht, den Lesern allerlei vorzuflunkern und sie damit vorzüglich zu unterhalten. Nachher hingegen ist es umgekehrt, Süskind bemüht sich jetzt in wachsendem Maße um den gleichnishaften Charakter seiner Geschichte. Dieser wird tatsächlich immer deutlicher – und leider auch immer aufdringlicher. So paradox dies auch anmuten mag: Wo er dem Spieltrieb nachgibt, da gerade hat seine Prosa Gewicht, wo er aber um den tieferen Sinn seines Buches besorgt ist, da wird es oberflächlicher und auch artifizieller. [...]

Daß man viel Energie benötigt, um einen Roman zu Ende zu schreiben, daß irgendwo in der zweiten Hälfte der Autor der Sache satt ist und schon etwas ganz anderes machen möchte – Thomas Mann hat mehrfach darüber geklagt. Auch dem Anfänger Süskind blieb diese Erfahrung offensichtlich nicht erspart: Immer neue und häufig an den Haaren herbeigezogene Motive sollten ihm aus der Not helfen. Doch gegen Ende des „Parfums“ ist ihm in jener Szene, in der die Sensationssüchtigen vom plötzlich wohlduftenden Grenouille nichts wahrnehmen „als seine angemaßte Aura“, eine Apotheose von mythologischem Rang gelungen, eine grandiose Darstellung des Massenwahns, der Verführbarkeit der Menschen; genauer: der kaum zu begreifenden Wirkung eines widerlichen und verabscheuungswürdigen Verbrechers auf ein zivilisiertes Volk inmitten Europas. Muß man sagen, welches Ungeheuer Patrick Süskind meint, auf welches Volk sein Gleichnis vor allem abzielt?

Jedenfalls ist es schön, endlich einmal feststellen zu können: Unsere Literatur hat ein Talent mehr – und ein erstaunliches obendrein.

Beatrice von Matt
Das Scheusal als Romanheld
Zum Roman „Das Parfum" von Patrick Süskind
(Auszug aus: *Neue Zürcher Zeitung*, 15. März 1985)

Es handelt sich hier um ein Stück von teilweise überaus handfertig hergerichteter Spektakelliteratur. Da werden ungehemmt alle nur denkbaren Reize eingesetzt. Der Reiz eben des Monströsen, der ausgefallenen Triebstruktur. Held ist das Scheusal Jean-Baptiste Grenouille, ein ruchloser, von Natur aus nicht riechender Geruchsfetischist, eine einzige „grosse Nase", über die allein er mit der Umwelt in (zeitweise mystische) Verbindung tritt. – Der Reiz des historisch Exotischen kommt sodann zum Spielen. Ausgangspunkt von Grenouilles Existenz ist ein stinkendes, bakterienbefallenes Montmartre nach 1738. Im Alter von sechs Jahren hat er die ganze Stadt „olfaktorisch" erfasst. – Der Reiz des Tabubruchs stachelt den Leser allenthalben auf: Gegen die Verdrängungspraktiken moderner Hygiene werden Verwesung, Kot, Urin, Blut, Schweiss breit ausgeschildert. Gut vorbereitet sieht man sich beim Lesen durch Alain Corbins bekanntgewordenes Buch „Pesthauch und Blütenduft. Eine Geschichte des Geruchs". – Eine Hauptattraktion soll von der scheusslichen Tat, dem absoluten Verbrechen, ausgehen: sechsundzwanzig Jungfrauen werden ermordet, eine in Paris, die andern gegen Schluss meist in der Parfumstadt Grasse. Eine Ahndung der Morde fällt entweder gar nicht in Betracht oder schlägt um in eine Massenapotheose des Mörders. [...]

Süskind – ohne Zweifel hochbegabt, aber unvergleichlich eindimensionaler, einspuriger als Grass, aus dessen „Blechtrommel" er tüchtig gelernt zu haben scheint – versteht sich auf die nötigen Zugaben von Trivialität. Zur Geschichte der angesprochenen Epoche etwa in Paris erfährt man herzlich wenig – einige historische Lokalitäten und Vokabeln genügen, wie in einem Kostümfilm, der ja auch Exotik und nicht Zeitanalyse einbringen will. [...]

Triviale Elemente verwendet der Autor auch in der Sprache: In unablässigen rhetorischen Repetitionen werden einschlägige Begriffe eingebleut. Schon gleich zu Beginn setzt eine seitenlang entfesselte vergeuderische Anhäufung von „stank/stanken" ein: [Textauszug S. 5,19 – S. 6,17]. [...]

Der Held, der am Schluss der „Grosse Grenouille" heisst, „er war in der Tat sein eigener Gott". Held ist also ein totalitärer Übermensch, dem totalitäre Machtausübung mit dem Auslösen eines Massenwahns auch gelingt. – Was die übrigen nur knapp konturierten Figuren betrifft, so ist die Konstellation folgerichtig aufgezogen. Ein aus ihrer Umgebung erklärtes, wenn auch beschränktes Schicksal haben nur Männer, immer gesetzte Männer mit väterlichem Anstrich: der Pater, der Gerber, der Parfumeur, der Marquis bis zu Antoine Richis, dem Vater des schönsten der ermordeten Mädchen, der am Schluss in rasendem Begehren dem Monstrum verfällt – angetrieben von einem Bachanal, in dem alle „den kleinen Mördermann" haben wollen.

Kein Schicksal haben die Frauen. Falls sie erotisch in Betracht fallen, kommen sie alle um. Neben der Leiche der Schönsten spricht Grenouille von einer „Heiligen Nacht". Im übrigen müssen die Mädchen sein: „glatt, süss und ungeheuer klebrig". Der „Reiz des Typus" darf nicht „ins Sämige verflossen sein",

„die schweren Glieder" sollen „fest", die Brüste „wie aus dem Ei gepellt" sein. Ältere Frauen werden nicht vom Protagonisten, wohl aber vom Autor, der im übrigen seine Erzählperspektiven völlig willkürlich handhabt, auffällig rasch aus dem Weg geschafft.
Die Pariser Passagen – auch sie stationenhaft aneinandergeheftet – und die mystische Einkehr in der Auvergne: Das hat seitenweise beträchtliche anstössige Kraft, nicht zuletzt auch in den eigentlich szenisch arrangierten Kapiteln, die das dramatische Talent des Autors verraten (die Szene zwischen Pater und Säugling etwa, die Annäherung zwischen Baldini und seinem Schüler Grenouille). Ein unverkennbarer kompositorischer Niedergang setzt nach der Mitte des Buches ein mit dem Wiedereintritt Grenouilles in nochmals andere Lebensumstände, mit dem Auftreten des Marquis de la Taillade-Espinasse ...

Aufgabe:

Analysieren und vergleichen Sie die beiden Rezensionen unter besonderer Berücksichtigung der vorgenommenen Wertungen und ihrer Begründungen. Nehmen Sie zu den vertretenen Positionen vor dem Hintergrund Ihrer eigenen Kenntnis von Süskinds Roman „Das Parfum" kritisch Stellung.

1. Analyse der Rezension von Marcel Reich-Ranicki

- Bereits im Untertitel, mit der Bezeichnung des Romans als „erstaunlich", stimmt Reich-Ranicki einen positiven Grundtenor an und signalisiert Überraschung. Überrascht gibt er sich – mit einem Seitenhieb auf die Literatur der Innerlichkeit (Z. 3f.) – einleitend darüber, dass es noch einen zeitgenössischen Romanautor gebe, der stilistisch gut und spannend erzählen könne (Z. 1–4).
- Anschließend stellt er fest, dass dieser Autor alle modernen Strategien des Erzählens wie den inneren Monolog, den Perspektivenwechsel, Rückblenden, Abschweifungen nicht kenne, dass er sich vielmehr eines allwissenden Erzählers bediene, gradlinig und chronologisch erzähle und genüssliche wie makabre Schilderungen nicht scheue (Z. 5–16).
- Man dürfe so erzählen, fährt der Verfasser fort, wenn man es gut könne, und unterzieht am ausführlich zitierten Beispiel des Geruchstableaus von Paris zu Beginn des Romans den Text einer stilistischen Prüfung. Als Ergebnis hebt er hervor: Süskind zeige, dass er auch das Thema des Gestanks mit „eleganten Sätzen" (Z. 22f.) bewältige. Er bescheinigt ihm Gespür für rhythmische Sprachgestaltung, Leichtigkeit und Transparenz in der Syntax und die Fähigkeit, hinter dem Wohlklang der Sprache die Genauigkeit des Ausdrucks nicht zu vernachlässigen (Z. 17–32).
- Mit der Abwandlung zweier Verse aus Schillers Ballade „Der Ring des Polykrates" („Des Lebens ungemischte Freude / Ward keinem Irdischen zuteil") beginnt Reich-Ranicki einen kritischen Einwand aufzubauen. Könnten die

in Paris spielenden Romanpassagen den Leser noch begeistern, so schwänden „Unmittelbarkeit und Suggestivität" wie „Schlüssigkeit und Überzeugungskraft" des Romans in dem Augenblick, wo Grenouille Paris verlasse (Z. 33–43).

- Dies sei darauf zurückzuführen, so argumentiert Reich-Ranicki, dass im Roman, der von Beginn an als Gleichnis angelegt sei, in der ersten Hälfte das Narrative dominiere, sich Süskind in der zweiten Hälfte aber stärker um das Parabolische bemühe, womit der Roman „oberflächlicher und auch artifizieller" werde (Z. 44–57).
- Offensichtlich habe sich Süskind schwer getan, den Roman zu Ende zu schreiben. Mit der von Grenouille inszenierten Massenorgie in Grasse sei ihm aber eine „Apotheose von mythologischem Rang" gelungen. Reich-Ranicki deutet diese Szene als grandiose Darstellung eines Massenwahns mitten in der europäischen Zivilisation. Elegant umgeht er die nahe liegende Übertragung des parabolischen Geschehens auf Hitler und die Zeit des Nationalsozialismus mit einer rhetorischen Frage und bescheinigt zusammenfassend dem Autor Süskind, mit Rückgriff auf den Titel der Rezension, ein „erstaunliches" Talent (Z. 58–72).
- Auffallend ist an Reich-Ranickis Rezension die eindeutige und klare Stellungnahme, die einen erfahrenen, souveränen Umgang mit literarischen Qualitätsurteilen erkennen lässt. Durch die stilistischen Variationsmöglichkeiten, besonders deutlich im zweiten Absatz, den kalkulierten Einsatz von umgangssprachlichen Wendungen wie „nicht einen Pfifferling" (Z. 7), „will er nichts wissen" (Z. 14), „Was taugt die Prosa" (Z. 20), „mit roten Backen" (Z. 35), „allerlei vorzuflunkern" (Z. 51) und vielen mehr spricht er den Leser unmittelbar an und vermindert die Distanz. Gleichzeitig gibt er sich jedoch durch zahllose Anspielungen und, wo nötig, korrekte Fachsprache als literaturwissenschaftlich kompetent zu verstehen. So gewinnt er sowohl in seinem Lob als auch in seiner Kritik Authentizität und Überzeugungskraft.

2. Vergleichende Analyse der Rezension von Beatrice von Matt

- Da diese Rezension dreizehn Tage nach Reich-Ranickis Kritik veröffentlicht wurde, ist davon auszugehen, dass die Verfasserin die Kritik ihres Kollegen gekannt hat. Vor dem Hintergrund von Reich-Ranickis Titel „Des Mörders betörender Duft" verweist die Überschrift „Das Scheusal als Romanheld" auf eine weniger positive Einschätzung. Dies bestätigen bereits die Einleitungssätze, in denen Süskinds Roman als „Spektakelliteratur" bezeichnet wird, die unter „ungehemmtem" Einsatz von „allen nur denkbaren Reizen" „handfertig hergerichtet" sei. Mit der breit ausgeführten Schilderung übler Gerüche profitiere Süskind vom Reiz des „historisch Exotischen", des „Tabubruchs", der den Leser provoziere. Die Mädchenmorde deutet sie als geplante „Hauptattraktion", wobei sie mit kritischem Unterton anmerkt, dass die

Morde nicht nur ungeahndet blieben, sondern auch noch eine „Massenapotheose des Mörders" zur Folge hätten.

- Wie auch Reich-Ranicki gesteht Beatrice von Matt dem Autor Süskind eine hohe Begabung zu, schränkt diese Aussage jedoch durch einen Vergleich mit Günter Grass und seiner „Blechtrommel" wieder ein. Sowohl in der thematischen als auch in der sprachlichen Gestaltung stütze sich Süskind auf Elemente des Trivialen, biete Exotik statt historischer Analyse.
- Als Beleg für Süskinds trivialen Umgang mit der Sprache zitiert Beatrice von Matt die auch schon von Reich-Ranicki kommentierte Schilderung des Geruchstableaus von Paris. Während Reich-Ranicki die Eleganz der Sätze, den Sinn für Rhythmus, den verführerischen Wohlklang hervorhebt, spricht Beatrice von Matt vom „Einbleuen" einschlägiger Begriffe (vgl. Z. 26) und einer „vergeuderischen Anhäufung von ‚stank/stanken'" (vgl. Z. 27 f.).
- Nachdem sie Grenouilles Stilisierung zum totalitären Übermenschen und seine inszenierte Massensuggestion, die Reich-Ranicki als grandiose politische Parabel deutet, unkommentiert erwähnt, legt Beatrice von Matt einen Fokus der Besprechung auf die Figurenkonstellation: Während die Männer im Roman wenigstens ein beschränktes Schicksal hätten, seien die Frauen schicksallos, würden entweder vom Autor oder von seinem Protagonisten „rasch aus dem Weg geschafft" (Z. 45 f.).
- Übereinstimmungen zeigen sich in den beiden Rezensionen in der Beurteilung der zweiten Romanhälfte: Beatrice vom Matt billigt den in Paris und auf dem Plomb du Cantal spielenden Romanteilen noch eine provozierende Kraft zu, mit dem Auftreten des Marquis de la Taillade-Espinasse lasse sich ein „kompositorischer Niedergang" (Z. 52) erkennen. Auch Reich-Ranicki konstatiert in diesen Episoden „an den Haaren herbeigezogene Motive", hebt aber am Schluss die politische Allegorie rühmend hervor.
- Beatrice von Matts Rezension bleibt fast durchgängig kritisch, wobei sie häufig, ohne sie näher auszuführen, abwertende Bemerkungen in ihre Sätze einflicht. So bezeichnet sie Süskind nebenbei als „eindimensionaler, einspuriger" als Grass, unterstellt ihm, aus dessen „Blechtrommel" „tüchtig gelernt" (Z. 20) zu haben, oder behauptet, Süskind habe seine Figurenkonstellation „folgerichtig aufgezogen" (Z. 32 f.). Was in Süskinds Text lediglich eine Beschreibung mit ironischem Unterton ist, zitiert die Autorin mit der einleitenden Bemerkung „Im übrigen müssen die Mädchen sein" (Z. 41) als ein vom Autor verordnetes Schönheitsideal. Abwertend formuliert ist auch der Verweis auf Corbins Buch „Pesthauch und Blütenduft" sowie die kurze Bemerkung zu Süskinds Umgang mit der Erzählperspektive, deren Handhabung von Reich-Ranicki ausdrücklich positiv bewertet wird.

3. Aspekte einer kritischen Stellungnahme zu den beiden Positionen

- **Beschreibung des Geruchspanoramas von Paris:** Sicherlich vollzieht Süskind mit der detaillierten Schilderung oft übler Gerüche, wie Beatrice von Matt es deutet, einen „Tabubruch". Wie immer, wenn ein Autor mit gesellschaftlichen Konventionen bricht und in neue Bereiche beschreibend vorstößt, man denke etwa an Günter Grass und seine Novelle „Katz und Maus", driften die Wertungen schroff auseinander. Wer sich von der Thematik abgestoßen und provoziert fühlt, wird auch die noch so kunstvollen Mittel der Beschreibung kaum schätzen können. Anders bei Reich-Ranicki: Er nimmt zu der Thematik kaum Stellung und kann die Erzählweise, die Qualität der Sprache und die Spannungsregie, erkennen und ungeschmälert loben.
- **Umgang mit den Randfiguren:** Wenn Beatrice von Matt kritisch anmerkt, unter den Randfiguren hätten die „gesetzten Männer mit väterlichem Anstrich" immerhin noch ein beschränktes Schicksal, die Frauen jedoch keines, so lässt sich dem entgegenhalten: Wie der Untertitel „Die Geschichte eines Mörders" nahe legt, thematisiert der Roman die Entwicklung eines Individuums, häufig genug in seiner Hässlichkeit, seiner Kontaktarmut, in seinem fehlenden Moralempfinden, aber auch in seiner Genialität und Überheblichkeit dargestellt. „Seine Geschichte soll hier erzählt werden", betont der Erzähler programmatisch zu Beginn. Die Nebenfiguren begleiten Grenouille weitgehend kommunikationslos ein Stück weit, um dann mit einem ironisch inszenierten Tod aus dem Roman abzutreten. Nicht bestritten werden kann, dass sie mit wenig beschreibendem Aufwand pointiert charakterisiert sind.
- **Umgang mit den Frauen:** Die Amme Bussie, Mme Gaillard, die Parfumeurswitwe Arnulfi sind sicherlich nicht weniger treffend skizziert als die väterlichen Männer. Anstoß nehmen könnte man, insbesondere aus weiblicher Sicht, an der schwelgerischen Beschreibung der jungfräulichen Mädchen. Hier ließe sich aber an Beispielen zeigen, dass der Erzähler, gelegentlich die olfaktorische Sicht seines Scheusals Grenouille übernehmend, auch durch Überzeichnungen Ironiesignale setzt und den Tabubruch zu einem Spiel stilisiert.
- **Schwächen in der zweiten Hälfte:** Hier könnte man den Ansatz Reich-Ranickis aufgreifen, der die Mängel der zweiten Hälfte mit der Dominanz des Parabolischen erklärt. Unter dieser Perspektive bekäme zumindest die Episode mit dem Marquis de la Taillade-Espinasse ihren berechtigten Platz in der Entwicklungsgeschichte Grenouilles, insofern sie mit der Einführung in den Komment der höheren Gesellschaft und einer ersten, noch durch den Marquis geschützten Verführung der Menschen Grenouille die Möglichkeit bietet, die suggestiven Kräfte einer künstlich geschaffenen Aura ein erstes Mal zu erproben.

- **Bewertung der Massenverführung:** Ähnlichkeiten in der Deutung, aber Unterschiede in der Bewertung lassen sich in der Art und Weise erkennen, wie die beiden Autoren Grenouilles Inszenierung einer Massensuggestion behandeln. Sowohl Beatrice von Matt als auch Reich-Ranicki deuten die Szene als ein Beispiel totalitärer Machtausübung. Während von Matt diese Deutung allerdings nicht weiter historisch konkretisiert, stellt Reich-Ranicki einen, wenn auch nicht direkt ausgesprochenen, so aber doch durch eine rhetorische Frage unmissverständlich nahe gelegten Bezug auf das Hitler-Regime her.

Stichwortverzeichnis